NOUVEAU

MANUEL COMPLET DES MACHINES A VAPEUR APPLIQUÉES A L'INDUSTRIE.

TOME II.

NOUVEAU MANUEL
COMPLET
DES MACHINES
A VAPEUR
APPLIQUÉES A L'INDUSTRIE;

PAR M. JANVIER.

DEUXIÈME ÉDITION,

Revue et augmentée.

TOME DEUXIÈME.

Ouvrage orné de figures.

PARIS,

A LA LIBRAIRIE ENCYCLOPÉDIQUE DE RORET,

RUE HAUTEFEUILLE, N° 10 BIS.

1837.

NOUVEAU MANUEL
COMPLET
DES MACHINES
A VAPEUR
APPLIQUÉES A L'INDUSTRIE.

CHAPITRE IX.

DE LA FORCE DYNAMIQUE DE LA VAPEUR
Et de la manière de l'employer pour produire le mouvement moteur des machines.

Jusqu'à présent nous n'avons eu égard qu'à la pression que la vapeur renfermée dans des vases, est capable d'exercer sur leurs parois à diverses températures. Il nous reste maintenant à examiner la manière dont elle agit sur une surface qui peut obéir à sa pression, et l'effort dont elle est capable pour soulever un poids déterminé à une hauteur également déterminée. Cet examen de l'effet de la vapeur et de sa puissance dynamique, doit nécessairement précéder l'exposition des différens systèmes de mécanisme dont nous aurons à nous occuper plus tard.

Soit A, fig. 48, une chaudière à vapeur, et *a*, un tube de communication qui permette à la vapeur de passer dans le cylindre B, établi au-dessus de la chaudière. Si le piston *b*, est équilibré au moyen d'un contrepoids *d*, suspendu à une corde qui passe sur une poulie *c*, de telle sorte que son poids soit annihilé ainsi que son frottement, il n'y aura que l'atmosphère qui pressera sa surface supérieure, et on sait que cette pression équivaut à 15 livres par pouce carré ou $1^k,03$ par centimètre carré de surface.

Il est évident maintenant, que tant que la pression de la vapeur sera égale à celle de l'atmosphère, le piston ne sera point dérangé ; mais qu'il s'élevera dès que la pression de la vapeur deviendra supérieure à celle de l'atmosphère, et que cette ascension continuera à mesure que le cylindre se remplira de vapeur.

Si la pression de la vapeur était égale à 1,5 atmosphère, le piston devrait être chargé de $0,51^k$ par centimètre carré pour rester en équilibre, et de $1^k,03$ si la pression était de deux atmosphères. Et comme l'ascension du piston aurait lieu si la charge était un peu moindre, on peut dire que la vapeur d'une tension de deux atmosphères peut soulever autant de fois $1^k,03$ qu'il y aura de centimètres carrés sur la surface du piston ; si cette surface était de 10 centimètres carrés, elle soulèverait un poids de 10,3 kilogrammes.

Supposons que le cylindre B soit fermé à sa partie supérieure, que l'espace compris entre le piston et le couvercle du cylindre soit complètement vide d'air et de vapeur, et que la pression inférieure soit de deux atmosphères, alors le piston pourrait soulever un poids de 3,09 par centimètre carré, et on aurait ainsi l'effet dynamique maximum de la vapeur.

Supposons, enfin, que le cylindre étant ouvert à sa partie supérieure, on parvienne à supprimer la vapeur au-dessous du piston, par l'effet du refroidissement, alors si le vide est complet, ce même piston s'abaissera, pressé qu'il est d'autre part par l'atmosphère, et il sera capable d'entraîner dans sa descente un poids de $1^k,03$ répété autant de fois qu'il y a de centimètres carrés dans sa superficie.

D'après ce qui précède, il ne sera pas difficile de trouver, dans tous les cas, l'effet dynamique d'une quantité donnée de vapeur, si on fait abstraction des résistances et du poids des pistons.

Calculons d'abord la puissance absolue de 1 livre de vapeur dont la tension est égale à celle de l'atmosphère.

Une livre d'eau fournit 25,5 pieds cubes de vapeur à 100°. Ainsi donc, si la surface du piston est de un pied carré, il pourrait élever un poids de 14,5 livres autant de fois qu'il y a de pouces carrés dans un pied carré, à une hauteur de 25,5 pieds et par suite, $14{,}5 \times 144 = 2088$ livres à 25,5 pieds de hauteur, ou encore $14{,}5 \times 144 \times 25{,}5 = 52616$ livres à un pied. On trouverait 17569 kilogrammes pour un mètre de hauteur.

Si on admet comme unité dynamique la quantité de 1000 kilogrammes élevés à un mètre de hauteur, il s'ensuivra que l'effet absolu d'un kilogramme de vapeur, est d'environ 17,567 unités dynamiques.

Si la densité de la vapeur croissait absolument dans le même rapport que sa force expansive, il en résulterait que l'effet dynamique de 1 livre de vapeur serait toujours la même pour tous les degrés d'élasticité ; mais la pression relative devenant un peu plus grande pour de fortes tensions, parce que la force expansive s'accroît plus vite que la densité, il s'ensuit que la force mécanique de la vapeur doit être plus grande pour de la vapeur très dense, et plus faible pour de la vapeur peu dense.

Si, par exemple, de la vapeur à deux atmosphères était deux fois plus dense que de la vapeur à une atmosphère, une livre d'eau devrait occuper la moitié de 25,5 pieds cubes ou 12 $\frac{3}{5}$ pieds cubes. Et, bien que cette vapeur exerçât une pression de 2 × 2088 ou 4176 livres par pouce carré, la force dynamique resterait cependant la même, c'est-à-dire égale à 12 $\frac{3}{5}$ × 4176 ou 52616.

Mais comme la densité de la vapeur à deux atmosphères est à la densité de la vapeur à une atmosphère, comme 1114 est à 589, une livre d'eau donnera alors $\frac{589}{1114}$ × 25,5 ou presque 13,33 pieds cubes de vapeur à deux atmosphères, et la force dynamique en deviendra 13,33 × 4176 = 55680.

S'il s'exerce une pression contraire sur le piston, on trouve la force dynamique en en faisant la soustraction.

Supposons, par exemple, qu'une livre

d'eau fournisse 20,5 pieds cubes de vapeur, et que la pression contraire soit de 3 livres par pouce carré, ou de 432 livres par pied carré, l'effet absolu sera de $2088 \times 1,25 \times 205 = 53505$, et la force relative de $53505 - 432 \times 20,5 = 44649$.

Dans les machines à condensation, le maximum d'effet trouvé précédemment n'est pas seulement diminué parce que la condensation ne produit pas un vide parfait, mais encore parce que la vapeur arrive dans le cylindre par un tube 30 ou 40 fois plus étroit. M. Fourier a calculé la force mécanique de un kilogramme de vapeur, en admettant que le diamètre du tube d'admission soit de $\frac{1}{100}$ de celui du piston, et que la pression contraire soit de 5,3 cent. Voici les résultats de ses calculs.

TEMPERATURE centigrade.	ÉLASTICITÉ.	MAXIMUM théorique.	MAXIMUM sans pression contraire.	Avec la pression contraire de 5,3.
		Unités dyn.	Unités dyn	Unités dyn.
100	1 atmos.	17,54	17,03	15,81
122	2	18,57	18,06	17,41
135	3	19,2	18,69	18,24
145,2	4	19,68	19,17	18,83
154	5	22,1	19,59	19,31
161,5	6	20,48	19,97	19,73
168	7	20,78	20,27	20,06
173	8	21,02	20,51	20,33

Nous avons vu quel est le poids que peut soulever la vapeur en arrivant sous un piston, quand il n'existe pas de pression contraire. Nous avons également vu que quand l'élasticité ou la pression de la vapeur était de une à deux atmosphères, elle peut élever 15 ou 30 livres, répétées autant de fois qu'il y a de pouces carrés sur la surface entière du piston. Mais pour obtenir une pareille puissance, il est évidemment nécessaire que la vapeur soit introduite dans le cylindre pendant tout le tems de la course du piston. Car s'il en était autrement, le piston s'arrêterait là où l'introduction de la vapeur serait suspendue, ou du moins il faudrait diminuer la charge du piston pour qu'il continue à marcher dans le cylindre.

Si par exemple, la vapeur ayant deux atmosphères de pression, on arrête l'introduction de la vapeur quand le piston a fourni la moitié de la course, le piston s'arrêtera; mais si on réduit la charge de 30 livres qu'elle était, à 15, il continuera d'agir et sera même capable de soulever encore cette charge de 15 livres jusqu'à la fin de sa course. En général, la vapeur considérée comme fluide élastique, pourra se détendre jusqu'à ce que la pression soit en équilibre avec la charge du piston.

Il est évident, en outre, que si après avoir introduit la vapeur à deux atmosphères jusqu'à la fin de la course du piston, on la renvoie ainsi tendue au condenseur, non seulement on perdra l'excès de force qu'elle possède encore, mais en outre, l'œuvre de la condensation sera d'autant plus imparfaite que sa densité sera plus grande; ou elle exigerait une plus grande quantité d'eau froide pour être condensée, et une force relative pour mouvoir la pompe à air.

Ce que nous venons de dire est bien évident, car on conçoit qu'il serait toujours possible avant l'époque où la vapeur ne possède plus d'élasticité relative, de faire mouvoir avec elle une seconde machine, de moindre force sans doute, mais dont l'effet pourrait encore s'ajouter à celui qui est produit par la machine principale.

On peut reconnaître facilement de la manière suivante, combien l'effet d'une quantité donnée de vapeur peut être augmenté par la détente.

Si l'on divise un cylindre en 20 parties égales, ou la course du piston en 20 stations, et si l'on arrête l'entrée de la vapeur quand le piston a achevé le quart de sa course, la vapeur le pressera, pendant les 5 premières stations, avec toute sa puissance que nous ferons égale avec l'unité. A la sixième station, la force ne sera plus que $\frac{5}{6}$ ou 0,83, parce que son volume se sera augmenté de $\frac{1}{5}$ sans que la quantité de vapeur se soit accrue. A la 7me station, la force sera $\frac{5}{7}$ ou 0,71 et enfin à la 20me station, la force ne sera plus que 0,25 de la force primitive (1).

(1) On suppose d'ailleurs que la pression et la densité diminuent dans le même rapport.

Les effets partiels seront donc :

à la 1re station . . .	de 1
à la 2me.	de 1
3me.	1
4me.	1
5me.	1
6	0,83
7	0,71
8	0,63
9	0,56
10	0,50
11	0,45
12	0,42
13	0,39
14	0,36
15	0,33
16	0,31
17	0,29
18	0,28
19	0,26
20	0,25

La somme de tous ces effets sera de 11,56. Si la vapeur eût afflué continuellement dans le cylindre, l'effet aurait été égal à 20, mais aussi on aurait dépensé 4 fois plus de vapeur.

Ainsi donc, avec le quart de la vapeur, on a obtenu par la détente plus de la moitié de l'effet qu'elle aurait produit avec une dépense quadruple ; ou bien, avec la détente, la même quantité de vapeur a produit deux fois plus d'effet.

L'augmentation de force qu'on obtient en profitant de la détente de la vapeur, n'est pas tout-à-fait égale à celle que nous avons calculé plus haut, car en supposant qu'il n'y ait pas d'autre perte de chaleur, la température de la vapeur doit cependant s'abaisser par suite de son expansion, et si sa densité devient deux fois moindre, sa tension deviendra également deux fois moindre. En outre, de même que la force expansive de la vapeur croît plus rapidement que sa densité lorsqu'il y a augmentation de température, de même cette force doit diminuer dans un plus grand rapport, quand, au contraire, il y a abaissement de température.

Déjà Watt, bien qu'il n'ait pas tiré partie du principe de l'expansion, pensait qu'une livre de vapeur, en se détendant jusqu'au quadruple, pouvait produire jusqu'au $\frac{1}{7}$ plus d'effet que 4 livres de vapeur sans détente, et *Robison* calcula, mais sans avoir égard à l'abaissement de température, l'augmentation de l'effet quand on arrête la vapeur.

Pour la moitié de la course il trouva 1,7

pour le $\frac{1}{3}$. 2,1

$\frac{1}{4}$. 2,4

$\frac{1}{5}$. 2,6

$\frac{1}{6}$. 2,8

$\frac{1}{7}$. 3,0

$\frac{1}{8}$. 3,2

Dans ces derniers tems, on a fait usage de plus en plus, du principe de l'expansion, et pour maintenir à la vapeur sa même température, on entoure ordinairement le cylindre où s'opère la détente, d'une chemise ou d'un autre cylindre plein de vapeur.

(1) Pour calculer l'effet total E en unités dynamiques, d'une quantité de vapeur donnée en mètres cubes, v, à une pression p, évaluée en mètres cubes d'eau, quand elle occupe un espace n, fois plus grand. *Dufour* (Bibli. univ. t. 37, p. 141) a établi la formule suivante $E = p\ v\ (1 + 2,3 \times \log, n,)$. L'unité dynamique étant 1000 kilogrammes élevés à 1 mètre de hauteur, si l'on veut, par exemple, connaître l'effet de 0,20 mètre cube de vapeur d'une élasticité de trois atmosphères qui se détend jusqu'à occuper un espace quatre fois plus grand, on fera $n = 4$, $p = 30$, $v = 0,20$, et par conséquent, $p\ v = 6$.

$$\text{Log. } 4 = 0,60206$$
$$\times \quad 2,3$$

Bien qu'on ne puisse pas nier que l'effet

$$\begin{array}{r} 1,38473 \\ +\ 1 \\ \hline 2,38473 \\ \times\ \ 6 \\ \hline 14,30838 \end{array}$$

L'effet dynamique est donc égal à 14,3 unités dynamiques, c'est-à dire que $\frac{1}{5}$ de mètre cube de vapeur à trois atmosphères peut, par la détente indiquée ci-dessus, élever à un mètre de hauteur 14308 kilogrammes d'eau.

Sans détente l'effet serait de $\frac{1}{5} \times 30 = 6$ unités dynamiques, ou environ $\frac{3}{7}$ de l'effet produit par la détente.

Pour un kilogramme de vapeur d'une élasticité de cinq atmosphères dont le volume est de 0,39$^{m.c.}$ $p = 51,66$, et l'effet dynamique sans expansion serait de $0,39 \times 51,66 = 20$ unités dynamiques. Et si on détend dans un espace 5 fois plus grand, on aurait $E = 51,66 \times 0,39\ (1 + \log. 5) = 52,4$ unités dynamiques, ou au moins un effet 2,5 fois plus grand.

M. Fourier a donné en unités dynamiques la force mécanique de 1 kilogramme de vapeur, quand elle se détend jusqu'à la température de 12 degrés centigrades.

Vapeur de	atmo.	unités dynamiques.
Vapeur de	1 atmo.	58,9 unités dynamiques.
	2	70,4
	3	77,5
	4	82,1
	5	86,2
	6	89,7
	7	92,9
	8	95,3

devient beaucoup plus grand, quand la vapeur conserve sa température primitive, on ne doit point perdre de vue qu'il ne peut en être ainsi que par suite d'une quantité additionnelle de chaleur, et que la vapeur, surtout détendue, a peu de capacité pour le calorique ; en supposant même que la quantité de chaleur à ajouter fût faible, il est hors de doute que celle qui est inévitablement perdue par l'emploi d'une chemise est plus grande, parce qu'elle offre à l'air ambiant une surface beaucoup plus étendue, et qu'en outre elle est beaucoup plus chaude que le cylindre à vapeur lui-même. D'après cela, on ne peut douter que l'échauffement de la vapeur qui se détend est beaucoup plus désavantageux qu'utile.

En ajoutant aux résultats de cette table les nombres indiqués par la table, page 4, 3me colonne, on aura le maximum d'effet total pour une détente presque complette.

Pour 1 atmo.	76,44	unités dynamiques.
2	88,7	
3	96,7	
4	101,7	
5	106,3	
6	110,5	
7	113,7	
8	116,3	

Il est bien surprenant cependant que dans presque toutes les machines à détente et même dans beaucoup de celles où on agit à pleine vapeur, on fasse usage des chemises dont nous venons de parler, et que beaucoup de personnes regardent cette précaution comme indispensable, et lui attribuent tous les effets avantageux de la détente. On a été principalement conduit à cette manière de voir par une loi singulière établie par Woolf, l'un des premiers introducteurs des machines à détente.

Woolf, en effet, prétendait que toute vapeur plus tendue que la pression de l'atmosphère, pouvait se détendre autant de fois qu'elle avait de livres de pression par pouces carrés en sus, pourvu toutefois qu'on lui conservât sa température primitive. D'après cela, de la vapeur d'une élasticité de deux atmosphères pourrait occuper un espace 15 fois plus grand, en lui conservant la température de 122 degrés, et de la vapeur à 3 atmosphères, pourrait, avec une température toujours égale de 134 degrés, occuper un espace 30 fois plus grand (1).

D'après la loi de Mariotte, de la vapeur à trois atmosphères ne peut occuper qu'un volume égal au

Comme les machines à vapeur qu'Edvard introduisit en France produisaient beaucoup plus d'effet que celle de Watt, sa proposition ne fut pas discutée, et quelques physiciens cherchèrent à faire concorder cette loi avec celle qui existait déjà.

Quant à présent, il n'y a personne qui ne pense que le principe de Woolf soit tout-à-fait illusoire, et bien que M. Christian, par des expériences ultérieures, ait trouvé que la vapeur d'une tension beaucoup plus considérable que celle que Woolf affecte à ses machines, acquiert une tension bien plus grande lorsqu'elle se détend en conservant sa température primitive, ce physicien fait remarquer lui-même que la vapeur contenait probablement une grande quantité d'eau, soit qu'elle ait été entraînée par la vapeur même, ou qu'elle soit restée adhérente aux parois du cylindre.

Woolf, d'ailleurs, n'appuyait son principe sur aucune expérience exacte; mais il le fondait sur quelques conjectures que Watt avait

triple de celui qu'elle avait d'abord, car on peut admettre que la vapeur séparée du liquide qui l'a produit et conservant toujours sa température primitive, est dans le cas des fluides élastiques secs ou gazeux.

faites. Il est même très probable qu'il ne l'admettait pas lui-même, et qu'il ne l'a établi que pour faire valoir davantage son brevet d'invention, attendu qu'on avait déjà fait des machines à détente avant lui.

Tous les effets des machines de Woolf s'expliquent du reste très bien par ceux de la détente, tels que nous les avons indiqués ; et s'il n'est pas permis de croire que toutes les propriétés et les lois de la vapeur soient déjà trouvées, il n'y a cependant pas de raisons pour ajouter la moindre foi aux idées de Woolf.

Pour calculer facilement l'effet dynamique de la vapeur agissant avec détente, on se sert ordinairement d'un figure géométrique.

Soit fig. 49, A B, la course du piston et représentons par A C, la pression de la vapeur quand elle entre dans le cylindre ; soit A *d*, la portion de course du piston pendant laquelle elle jouit de toute sa force primitive. Si on interrompt l'entrée de la vapeur quand le piston sera arrivé en *d*, l'effet dynamique pendant cette première époque de sa course, pourra être représenté par le parallélogramme A *d d'* C, = A D × A C. La communication restant toujours interrompue, la vapeur en agissant de d en e, de telle sorte que $d\,e =$ A E exercera sur le piston une pression $e, e' = \frac{1}{2}$ A C, et l'effet produit pourra être représenté par l'espèce de trapèze $d\,d'\,e'\,e$. Pour une expansion et détente triple telle que, $e\,f$ = A D, on pourra représenter la tension de vapeur, par $f\,f' = \frac{1}{3}$ A C, et l'effet total de la vapeur dû à une détente triple, par la figure A $c\,d'\,e'\,f'\,f$A.

Le procédé indiqué par M. Poncelet pour calculer l'aire d'une pareille figure, terminée d'un côté par une ligne courbe, consiste à regarder la droite d B comme la ligne des abscises, à la diviser en un nombre pair de parties égales, et à élever par les points de division des ordonnées $c\,c'$, $f\,f'$, $g\,g'$, dont on détermine la valeur.

Cela posé, l'aire est égale au $\frac{1}{3}$ du produit d'une quelconque de ces parties, par la somme des ordonnées extrêmes augmentées des autres ordonnées de rang impair, plus le quadruple de la somme des ordonnées de rang pair, c'est-à-dire la surface $d\,d'\,g'$ B' B d $= \frac{1}{3}\,(d\,d' + \text{B B'}) + 2\,(f\,f' + h\,h') + 4\,(e\,e' + g\,g' + i\,i')$.

Prenons comme exemple une vapeur de deux atmosphères dont la pression est de

20660 kilogrammes sur un mètre carré (30 livres par pouce carré), et faisons-la arriver dans le cylindre de A en D, alors, la pression primitive 20660 kilogrammes étant exprimée par $d\,d'$, on aura

$$ce' = \tfrac{1}{2} \times 20660 = 10330 \text{ kil.}$$
$$ff' = \tfrac{1}{3} \times 20660 = 6886{,}66$$
$$gg' = \tfrac{1}{4} \times 20660 = 5165$$
$$hh' = \tfrac{1}{5} \times 20660 = 4132$$
$$ii' = \tfrac{1}{6} \times 20660 = 3443{,}33$$
$$kk' = \tfrac{1}{7} \times 20660 = 2951{,}43$$

Et l'aire de cette figure qui représente l'effet dynamique de la quantité de vapeur à qui on fait occuper un espace 7 fois plus grand sera $(AD \times AC) + \frac{1}{6}\,(dd' + bb') + 2\,(ff' + hh') + 4\,(ce' + gg' + ii') = A\,d\,(20660) + \frac{1}{3}\,(121402{,}09) = 61127 \times AD$.

Cette expression est un peu trop grande, et en divisant la ligne d B, en un plus grand nombre de parties égales, on peut réduire l'expression à peu près à A D $\times$ (60862) kil.

Or, puisque 60862 kilogrammes représentent la pression totale de la vapeur sur un mètre carré de surface, en admettant que A d, soit égal à un mètre, on en déduira que l'effet dynamique de un mètre cube de vapeur à deux atmosphères détendu dans un espace 7 fois plus grand, est égal à 60862 kilogrammes.

C'est de cette manière que M. Poncelet a construit la table suivante, qui donne la grandeur des effets dynamiques de 1 mètre cube de vapeur de la tension de 1 atmosphère, calculée en unités dynamiques pour une détente plus ou moins considérable (1).

VOLUME après la détente.	Effet dynam. en unités dynamiques.	VOLUME après la détente	Effet dynam. en unités dynamiques.
1,00	10330	5,75	28399
1,25	12635	6,00	28839
1,50	14518	6,25	29261
1,75	16111	6,50	29665
2,00	17490	6,75	30055
2,25	18707	7,00	30431
2,50	19795	7,25	30794
2,75	20780	7,50	31144
3,00	21679	7,75	41483
3,25	22506	8,00	31811
3,50	23271	8,25	32129
3,75	23984	8,50	32437
4,00	24650	8,75	32736
4,25	25277	9,00	33027
4,50	25867	9,25	33310
4,75	26433	9,50	33585
5,00	26955	9,75	33854
5,25	27459	10,00	34116
5,50	27940		

(1) On trouve l'effet théorique de la détente de la

Pour montrer le rapprochement qu'il y a entre les valeurs précédentes et celles fournies par la formule $E = p\,v$, $(1 + 2,3 \text{ Log.})$, nous allons en présenter une table.

VOLUME de la vapeur après la détente.	Effet dynamique de 1 mètre cube de vapeur.	Effet dynamique de 1 k. de vapeur.
1,00	10330	6094,70
1,25	12632,5	7453,175
1,50	14515,7	8563,08
1,75	16104,4	9501,60
2,00	17482,2	10314,50
2,25	18697,7	11031,525
2,50	19784,7	11672,97
2,75	20768,0	12253,12
3,00	21666,0	12782,14
3,25	22491,8	13270,16
3,50	23256,5	13721,39
3,75	23968,4	14141,36
4,00	24634,3	14534,24
4,50	25849,6	15251,26
5,00	26936,8	15892,71
5,50	27920,2	16472,92
6,00	88818,1	17002,68
7,00	30408,7	17941,13
8,00	31786,5	18754,035
9,00	33001,8	19471,06
10,00	34089,0	20112,51

vapeur d'une élasticité de plusieurs atmosphères, en multipliant celui qui est indiqué pour une atmosphère par le nombre d'atmosphères.

Le terme auquel la détente de la vapeur doit être poussée n'a pas encore eté déterminé. Mais il nous paraît qu'il doit être différent pour chaque détente.

En effet, toutes les machines construites par différens mécaniciens, ne sont pas faites de la même manière, elles se ressentent plus ou moins avantageusement des idées particulières à chaque auteur, et il en résulte que les frottemens et l'inertie de l'appareil doivent être inégaux.

Le terme auquel la détente doit être poussée nous paraît devoir être limité à l'époque où la vapeur détendue n'a plus la puissance suffisante pour déranger du repos ou mettre en mouvement la machine.

Voici comment on peut parvenir à connaître le terme en question.

La soupape ou la valve de détente n'étant pas accrochée, et la vapeur étant libre de s'introduire dans le cylindre moteur pendant toute la course du piston, on mettra la machine en mouvement après l'avoir détachée de la résistance ou du travail auquel elle est appliquée.

Cela fait, on fermera peu à peu la soupape de mise en train, de manière à diminuer progressivement la quantité de vapeur qui passe au cylindre. On cherchera ensuite par le tatonnement quel est le degré de fermeture de la valve sous laquelle la machine est sur le point de s'arrêter, et on aura soin en même tems de modérer le feu de telle façon que la pression de la vapeur dans la chaudière soit toujours dans son état normal ; on s'aidera s'il le faut de la soupape de sûreté pour empêcher que par suite de la moindre consommation de la machine, la vapeur n'augmente de pression.

Il est évident que par cette opération, la vapeur se détendra dans le cylindre, bien que la valve de détente ne soit pas en fonction.

Le cylindre ayant été muni préalablement d'un manomètre (1), (l'ouverture destiné à la soupape à graisse peut être employée pour

(1) Ce manomètre doit être muni d'une petite soupape et d'un diaphragme percé d'une très petite ouverture, de telle sorte que les oscillations du mercure soient rendues les plus minimes possibles.

En prenant la moyenne des oscillations, il sera toujours possible d'avoir une estimation assez exacte de la détente.

La soupape aura pour fonction d'empêcher le mercure de s'abaisser par l'effet du vide produit par la condensation.

cet objet), on mesurera dans ce moment quel est l'état de la pression dans sa capacité intérieure, et ce sera le terme au-delà duquel il ne conviendra plus de détendre la vapeur dans l'état habituel des fonctions de la machine.

Ce procédé nous paraît efficace pour reconnaître la valeur ou les avantages des innovations ou des modifications que chaque constructeur croit utile d'apporter aux machines; car celle-là dont le terme en question sera le plus éloigné, ou plutôt qui agira sous la moindre pression, sera évidemment la plus parfaite.

Il faut admettre que les garnitures des pistons et leur serrage soient dans leur état normal ainsi que toutes les autres parties de l'appareil mécanique. Et on tiendra compte, quand il s'agira de la comparaison de plusieurs systèmes entr'eux, de la température de l'eau d'injection et du condenseur qui pourrait apporter des différences notables dans les résultats.

Ayant éprouvé ainsi, dans une machine, quel est le terme au-delà duquel il ne convient point de pousser la détente, on se servira du même manomètre pour régler la valve de détente, c'est-à-dire, qu'on fera en sorte que la vapeur introduite avec toute sa puissance au commencement de la course des pistons, n'ait que la limite de force qu'on aura déterminée plus haut quand les pistons seront rendus à fin de course. Une machine qui, dans cet état, peut vaincre la résistance à laquelle elle est appliquée, nous paraît réunir toutes les conditions nécessaires, et il nous paraît également propable que si toutes les machines de Watt qui ont été comparées à celle de Woolf, eussent été réglées d'après ce principe, ces dernières, en raison de la plus grande somme de frottement qu'elles exigent, attendu qu'elles fonctionnent avec deux cylindres, auraient nécessairement perdu leur supériorité.

CHAPITRE X.

DES PROCÉDÉS MÉCANIQUES

Qui ont été imaginés pour mettre en usage la puissance mécanique de la vapeur.

L'époque à laquelle la vapeur d'eau a été reconnue posséder une force mécanique, remonte bien haut, car on a des preuves authentiques qu'Héron d'Alexandrie, qui existait 120 ans avant Jésus-Christ, et qui d'ailleurs est l'inventeur d'autres procédés mécaniques ingénieux, avait non seulement quelques connaissances sur la vapeur d'eau, mais encore qu'il sut l'employer pour faire tourner un petit mécanisme très simple qui depuis a reçu d'autres modifications que nous allons indiquer.

La machine d'Héron consiste en une espèce d'éolipyle, ou sphère métallique creuse *a*, fig. 50, suspendue sur deux pointes ou pivots *c*, *c*, et située au-dessus d'un foyer. Cette boule est munie de deux tuyaux tels que *b*, *b*, aux extrémités desquels sont pratiquées deux petites ouvertures latérales par lesquelles s'échappe la vapeur d'eau en sens horizontal. La réaction qui s'opère contre l'air ambiant ou bien le défaut d'équilibre de pression sur les parois intérieures des tubes, sollicite ainsi cette boule à tourner dans un sens opposé, et comme les deux ouvertures sont situées à l'opposite l'une de l'autre, il en résulte que leur action s'ajoute pour opérer le mouvement circulaire de l'appareil.

Il fallait bien qu'Héron eût sur la vapeur d'eau quelques idées autres que celles qui peuvent naître de l'inspection seule de la vapeur qui s'échappe d'un vase ouvert où l'eau se trouve en ébullition, car cette vapeur n'étant point supérieure en pression à celle de l'atmosphère, il n'était point possible qu'il pensât à en retirer aucune espèce de puissance, ou du moins si, ce qui est difficile à supposer, il n'en avait pas, il dut la reconnaître après avoir fait usage de son appareil, ou en donner aux expérimentateurs subséquens.

L'appareil suivant n'est absolument que la même idée reproduite par des moyens différens et peut-être plus compliqués; il date de nos jours (1835) et a été construit près de New-Yorck en Amérique. On prétend qu'il est de la force de six chevaux.

La fig. 51 le représente sous une dimension qui serait affectée à une machine de deux chevaux. Il est appliqué à une imprimerie, et la chaudière, sa machine, la pompe alimentaire, enfin, l'appareil entier occupe une surface seulement de 4 pieds 8 pouces sur 2 pieds 10 pouces de largeur.

A est la chaudière de 17 pouces de diamètre sur 78 de hauteur; elle est établie sur une caisse en fonte de fer qui contient la grille. B est le conduit de vapeur qui la transmet à l'origine de l'essieu creux *c*, *c* au moyen d'un coude. Ordinairement le tube de vapeur la conduit immédiatement de la chaudière au bout de l'essieu, et sa longueur dépend de la position de la chaudière relativement à la machine. *cc* est l'essieu perforé qui passe au travers de la pièce Q, Q, fig. 52; cette dernière est renfermée dans la boîte circulaire D, où elle est destinée à se mouvoir circulairement. Sur le même essieu on a adapté un tour E, qui sert à communiquer le mouvement circulaire, au moyen d'une bande en cuir.

D est une boîte circulaire en fonte de fer, elle se compose de deux moitiés liées ensemble par les bords au moyen de boulons, et de telle sorte que les joints soient perméables à la vapeur. Cette boîte a été aussi fabriquée en tôle, et cette matière est préférable. Quoique la partie tournante de la machine n'ait que $\frac{3}{8}$ de pouce dans sa plus grande épaisseur, cependant la boîte, aux environs de l'essieu a une largeur de 5 pouces. Le diamètre intérieur est également plus étendu que la longueur des bras. Cette boîte, dans sa capacité intérieure, peut avoir la forme d'un anneau circulaire d'environ 3 pouces de diamètre. La vapeur en est expulsée par le tube F, qui la conduit en dehors de l'atelier.

G est la pompe alimentaire; elle est mise en fonction au moyen de roues dentées ou encore de bandes en cuir: ces roues n'ont pu être indiquées dans le dessin, d'après la position oblique de l'appareil.

HI est le régulateur de la vapeur, il est construit sur un plan particulier, et fonctionne au moyen de roues dentées, en K, sont les robinets jauges de la chaudière; L est la soupape de sûreté, chargée de manière à résister à une pression de 100 livres par pouce carré. M, cheminée. N, soupape d'admission ou d'arrêt. O, vis de pression qui sert à comprimer de l'étoupe contre l'essieu. P, tube alimentaire.

c,c, fig. 52, est l'essieu, E le tour sur lequel passe la bande de cuir ; *r* est l'orifice par où s'introduit la vapeur; *q,q*, sont les bras creux qui le reçoivent et qui font avec l'essieu un angle droit.

La communication étant établie entre la chaudière et l'appareil, une pression égale agira dans toute la surface intérieure de la pièce *q*, *q*, excepté à l'extrémité débouchée des bras ; il en résultera un défaut d'équilibre, et de là, la réaction ou le mouvement de révolution autour de l'essieu.

Quoi qu'en dise l'auteur sur les avantages de sa machine, qui résulteraient de sa compacité, de la facilité avec laquelle elle peut être construite, de son bon marché, de la régularité de son mouvement circulaire, enfin de sa puissance, attendu, dit-il, qu'une machine locomotive de cette espèce est parvenue sur le chemin de fer de Newark, à traîner facilement avec elle une voiture chargée de 4 tonneaux, alors même que la pente ascendante du chemin était de 152 pieds par miles et même, dans un endroit, de 6 pieds sur 100, il n'en est pas moins très facile de prouver qu'elle ne saurait point du tout être économique.

M. Minor, dans son journal des chemins de fer, établit en parlant d'une machine de cette espèce qui avait 18 pouces de bras et qui produisait dit-on la force de 6 chevaux, que les ouvertures pratiquées aux bouts des bras, avaient une dimension égale à la huitième partie de la surface d'un pouce carré, et que sous la pression de 80 livres, ils balançaient un poids de 10 livres. Or on peut conclure de là, que la machine fonctionnait sous l'influence d'une vapeur dont la force élastique était de 80 livres par pouce carré. La quantité de charbon consommée devait être énorme, comme elle doit l'être pour produire l'évaporation d'une quantité d'eau égale à 16 pieds cubes par heure. En effet, comme la surface des ouvertures pratiquées à l'extrémité des bras, forme la huitième partie d'un pouce carré; il en résulte qu'un pied cube de vapeur en passant par ce même orifice, correspond à une colonne de 1152 pieds. Maintenant, en prenant pour pression 75 livres au lieu de 80 (ce qui est encore à l'avantage du système) par pouce carré, un pied cube d'eau produira 320 pieds cubes de vapeur de cette densité. Maintenant, si on multiplie 320 par 1152, nous aurons une colonne de vapeur 368640 pieds de hauteur, correspondante à un pied cube d'eau. Or, à cette pression, la vapeur traverse l'air avec une vitesse de 1674 pieds par seconde, et si nous divisons par ce chiffre le nombre 368640, nous aurons 220 pour le nombre de secondes qu'un pied cube d'eau converti en vapeur sous la pression de 73 livres par pouce carré, emploiera pour traverser l'orifice dont l'aire est la huitième partie d'un pouce carré; et si un pied cube d'eau est ainsi consommé en 220 secondes, il en faudra donc 16 pour une heure. Or une machine ordinaire à expansion et à condensation, qui fonctionne avec une vapeur de cette espèce, représente une force de 30 chevaux, et elle ne consomme que cette quantité d'eau. En supposant même que la quantité d'eau ne soit que d'un pied cube par puissance de cheval, la machine en question qui fournit celle de 6 chevaux, devrait en représenter au moins 16. On ne peut admettre cette dernière supposition, ni concevoir quels avantages pourraient compenser une si grande consommation de combustibles.

Au reste cette machine n'est pas la seule

qui ait été faite sur des principes aussi erronés; avant M. Avery qui l'a construit, Giovani-Branca, dont nous parlerons tout-à-l'heure, avait imaginé un système différent de mécanisme plus ingénieux, moins défectueux peut-être, mais frappé d'une partie de ses graves inconvéniens. En 1791, M. James Saddler d'Oxford, et avant lui M. Barker, en établirent de semblables; elles sont toutes abandonnées aujourd'hui.

Depuis Héron d'Alexandrie jusqu'à l'année 1543, on trouve peu de traces qui puissent faire penser que la vapeur d'eau eût attiré l'attention de quelqu'expérimentateur. A cette époque du règne de Charles-Quint, un capitaine de vaisseau Espagnol, Blasco de Garay, proposa à ce prince l'essai d'un système propre à donner l'impulsion aux bâtimens. Mais son appareil, dont il fit l'essai à Barcelonne sur un navire de 200 tonneaux, resta inconnu, et on sait seulement qu'il se servait du feu, d'une chaudière et de roues à palettes placées de chaque côté du vaisseau.

Ces faits résultent des manuscrits déposés aux archives de Barcelonne. Sont-ils apochryphes? C'est ce qu'il n'entre pas dans notre tâche de rechercher.

Cependant, comme les disputes sur la priorité de l'invention des machines à vapeur sont à l'ordre du jour en Europe, nous ne croyons pas hors de propos de traduire ici un article de la Gazette de Philadelphie où les Américains revendiquent aussi l'honneur d'avoir été les premiers à appliquer la puissance de la vapeur au mouvement des bateaux. Voici ce qu'elle rapporte.

« C'est à M. Rumsey de la Virginie qu'est dû l'honneur d'avoir le premier appliqué la vapeur au mouvement des bateaux. Rumsey existait plusieurs années avant Fulton ; on le considérait dans ce tems là, comme un enthousiaste ou un étourdi. Cependant avec l'assistance d'un forgeron adonné à l'ivrognerie, de Shepherdstower, il parvint à construire un bateau à vapeur qui put vaincre le courant du Potomac avec une vitesse d'un mille à l'heure. La législature de Virginie lui garantit, dit-on, quelques priviléges qui le mirent à l'abri de l'indigence. Il vint ensuite en Angleterre, et s'y fit naturaliser ; il y mourut inopinément, laissant sa famille dans la pauvreté : destinée ordinaire de ceux qui enrichissent le monde par leur génie.

Toutefois, relativement à la priorité de

cette grande invention, nous pensons, qu'il est très certain que l'expérience faite en Amérique par M. Fitch fut la première qui eut quelques succès. Les chroniques du tems font mention des essais que fit cet Américain sur le Potomak, et en rendent un compte détaillé. Le lieutenant Slidelé, dans son excellent ouvrage sur l'Espagne, rapporte avoir trouvé dans les archives de Barcelonne une pièce qui prouverait évidemment que des essais semblables auraient été faits dans ce pays, mais plusieurs siècles auparavant. Nous ne croyons rien devoir, sous le rapport de cette immortelle invention, ni à l'indolent Espagnol, ni aux savans éclairés de France ou d'Angleterre. »

Après Héron d'Alexandrie, vient le Français Salomon de Caus (1). Son idée (1615) constituait déjà une invention particulière, elle est essentiellement différente, et l'effet produit par la vapeur d'eau était sensible-

(1) En 1570, un Italien du nom de Scappi eut l'idée d'employer le système de Héron pour faire tourner les broches. Et, en 1562, un certain prédicateur, Mathésius, adressait aux mineurs un sermon dans lequel il leur parlait de la puissance de la vapeur d'eau pour épuiser les mines.

ment supérieur à celui qui peut être obtenu par le procédé d'Héron.

Son procédé consistait à renfermer de l'eau dans un vase *a*, fig. 53, et à munir ce vase d'un tube qui plongeait jusqu'au fond. Ce vase étant chauffé, l'eau ne tardait pas à entrer en ébullition; une pression plus ou moins forte s'établissait sur le niveau du liquide, et ce dernier finissait par s'échapper par l'orifice débouchée du tube supérieur. Le jet était d'autant plus élevé, que la pression était plus considérable.

Quoi qu'on en dise, il nous paraît bien difficile d'être en présence d'un pareil système, sans concevoir immédiatement les moyens de l'améliorer, et c'est probablement ce qu'ont fait les expérimentateurs subséquens. Du reste, à partir de cette époque, on ne peut nier que la puissance de la vapeur d'eau fut connue, et il est à remarquer qu'une première idée en amène presque toujours une autre plus simple, surtout dans les arts mécaniques, pourquoi refuserait-on donc à Héron ou à Salomon de Caus une part à l'invention de ces étonnantes machines, bien qu'au point ou en sont parvenues aujourd'hui la physique et la mécanique, on puisse présumer qu'elles ne seraient pas restées dans l'oubli.

Le marquis de Worcester (1) est considéré en Angleterre comme l'inventeur des machines à vapeur (1663). On ne connaît de lui qu'une description très brève et assez obscure qui pourrait cependant s'appliquer parfaitement à l'appareil de Salomon de Caus. Au reste, jamais la machine de Worcester n'a été construite. Mais voici un document curieux que nous croyons devoir reproduire, et le lecteur en tirera les inductions qu'il jugera convenable.

Il résulte d'une lettre qu'on a retrouvée il y a quelques années, et qui est écrite par la célèbre Marion de Lorme au marquis de Saint-Mars, qu'il existait à cette époque du règne de Louis XIII, à Bicêtre, un individu qui y avait été renfermé d'après les ordres du cardinal de Richelieu. Cet homme était consi-

(1) Nous ne mettrons pas en ligne le procédé de *Branca* l'italien (fig. 54), qui consistait à faire tourner une roue à pelles au moyen d'un jet de vapeur, parce que outre que cette machine participe beaucoup de celle d'Héron, elle n'annonce pas un progrès, l'époque (1629) de cette invention eût été mieux placée entre Héron et Salomon de Caus. Branca rétrogradait.

déré comme maniaque ; il avait trouvé le moyen de substituer la vapeur de l'eau à la force humaine et à celle des courans d'eau appliquée à différens travaux. Marion de Lorme a vu ce prétendu maniaque dans une visite qu'elle fit à Bicêtre, *étant en compagnie du marquis de Worcester* (1).

(1683). Sir Samuel Moreland vient après le marquis de Worcester. Mais cet Anglais n'indique pas dans le manuscrit que l'on conserve de lui en Angleterre le procédé au moyen duquel il fit à Louis XIV la proposition d'élever l'eau. Il se contente d'exposer que la vapeur que l'on obtient en chauffant de l'eau est capable d'exercer de grands ef-

(1) D'après *Treedgold* il paraîtrait que le marquis de Worcester comptait employer deux vases séparés d'après le principe de Savery. Mais rien n'autorise à admettre cette supposition. Au contraire, il paraît très probable qu'il devait agir au moyen de deux appareils semblables à celui de Salomon de Caus, et dans ce cas il n'aurait élevé que de l'eau chaude, la même qui servait à la production de la vapeur. Mais comme, d'après ses indications, les deux vases en question devaient agir alternativement, il paraîtrait qu'il avait déjà observé quelques effets relatifs au vide qui se produit par la condensation de la vapeur, sans en avoir cependant défini la cause réelle.

forts et de triompher des obstacles les plus résistans, de faire crever, par exemple un canon, mais qu'on peut en modérer la puissance à volonté, de manière à en obtenir des effets gradués selon la force dont on a besoin. Il donne même une table de ces effets, et il paraîtrait que ces notions sur la vapeur n'étaient pas très erronées, puisqu'il lui assigne un volume qui s'écarte peu des résultats obtenus à notre époque.

L'idée de faire mouvoir un piston dans un cylindre, appartient au physicien français, Denis Papin, de Blois. Et M. Arago, dans l'Annuaire du Bureau des Longitudes, 1829, a parfaitement démontré le système qui fut employé par Papin, pour obtenir au moyen de la vapeur, un mouvement de piston rectiligne. La date de cette invention est probablement antérieure à l'année 1688, car on trouve son explication dans les Actes de Leipsick, pour cette même année 1688.

Nous engageons le lecteur à lire la Notice de M. Arago, sur l'invention des machines à vapeur, dans l'Annuaire du Bureau des Longitudes, de l'année 1829; on y verra que presque toutes les propriétés de la vapeur avaient été parfaitement connues de Papin, voire même sa condensation au moyen de son refroidissement.

D'autres après Papin et avant Watt, ont essayé d'utiliser la puissance de la vapeur d'eau de diverses manières pour l'épuisement de l'eau, mais comme leurs procédés sont généralement défectueux et abandonnés aujourd'hui et que d'ailleurs ils n'apprennent rien qui puisse nuire, quant à la priorité de l'invention à notre compatriote Papin, nous nous abstenons de grossir inutilement ce petit livre, de leur description. Il y a tant de différence sous le rapport de l'économie et des résultats entre les machines à vapeur qui ont précédé celle de Watt, et celle de ce mécanicien, qu'il n'y a plus de probabilité qu'on en construise encore de semblables.

CHAPITRE XI.

MACHINE DE WATT.

La machine à cylindre et à pistons, n'a reçu de personne autant de perfectionnemens, que de James Watt. Condenser la vapeur dans un vase séparé, de telle sorte, que le cylindre moteur ne participe point à l'abaissement de température qui résulte de l'injection de l'eau froide, obtenir le mouvement sans avoir besoin d'employer la pression extérieure de l'atmosphère, et donner aux pistons une action double dans un cylindre unique, sont les trois plus notables perfectionnemens que Watt ait apporté dans le mécanisme des machines à vapeur; mais ce ne sont pas là les seuls.

L'invention du parallélogramme, la manière de réduire le mouvement rectiligne en mouvement circulaire, l'adjonction du volant, et celle du régulateur à pendules; sont encore dus à Watt.

L'expansion de la vapeur d'eau, fut aussi indiquée par ce même mécanicien; mais il paraît qu'il ne l'employa pas dans ses machines.

Il n'appartient qu'à ceux qui touchent

aux machines, d'apprécier les efforts et les découvertes de ce célèbre mécanicien. Il ne semble pas possible que la fortune et la vie d'un seul individu ait pu suffire à tant de travaux à la fois.

Les brevets d'invention que Watt prit en Angleterre, avaient prévu presque tous les perfectionnemens qui dans la suite ont été appliqués aux machines à vapeur; ainsi l'emploi de la vapeur d'eau à haute pression et la détente y étaient spécifiés. Il ne laissa que peu de chose à glaner aux inventeurs subséquens.

Nous n'exposerons pas les uns après les autres tous les essais qui ont précédé l'exécution de la machine à laquelle Watt a attaché son nom. Mais après avoir décrit son appareil, nous passerons en revue les changemens qu'on y a apporté, et ensuite nous décrirons les différens systèmes de machines qu'on a essayé de lui substituer, en nous attachant plus particulièrement à celles qui nous paraissent les plus propres à exciter la curiosité et l'intérêt des mécaniciens.

Nous avons déjà décrit la chaudière dans la première partie de cet ouvrage, ainsi que tous les différens appareils qui lui ont été adaptés pour son service. A mesure que nous avancerons. Nous complèterons ce qui manque à leur description entière.

La machine à condensation de Watt se compose de trois parties dont les fonctions sont essentiellement liées ensemble. Ce sont: le cylindre, le condenseur et la pompe à air. Mais il est évident que la disposition de ces différentes parties par rapport aux travaux auxquels on doit appliquer la machine, peut varier à l'infini selon les localités et l'espèce de résistance qu'elle est appelée à vaincre.

La fig. 55 représente une machine de Watt à double effet. C, est le cylindre, B, le condenseur et A la pompe à air et à eau. S est le tube qui amène la vapeur de la chaudière aux deux boîtes de distribution où sont disposées les soupapes, et ces deux boîtes sont en communication au moyen d'un tube S.

Par les dispositions des soupapes telles qu'elles sont indiquées dans la planche, il est visible que la vapeur est libre de se répandre au-dessus du piston, et on voit aussi que la soupape inférieure permet à celle qui est contenue dans le cylindre de passer au condenseur par le tube B.

En même tems que ces deux soupapes sont

convenablement disposées pour obtenir la descente du piston, on doit remarquer que les deux autres soupapes, dont *c* et *d* sont les leviers, sont fermées et que la première s'oppose au passage de la vapeur au condenseur, tandis que la seconde bouche l'issue par laquelle elle pourrait se rendre au-dessous du piston.

On voit dans la figure comment les soupapes sont liées ensemble par des leviers articulés, et comment les deux chevilles placées sur la tringle R de la pompe à air peuvent les mettre en jeu. Il résulte de cette disposition qu'à la fin de la course descendante du piston, la cheville supérieure rencontrant le levier commun des soupapes, elles se disposeront d'une manière convenable pour que la vapeur passe au-dessous du piston, tandis que la partie supérieure du cylindre sera mise en communication avec le condenseur. Le piston montera.

k est le tube de l'alimentation dont L est la pompe. La tige de cette pompe, de même que celle de la pompe à air, est attachée au balancier supérieur. K est le tube injecteur, il est terminé par une pomme d'arrosoir, et est muni d'un robinet qui sert à graduer la quantité d'eau à injecter. Cette eau provient de la cuvette à eau froide alimentée par N. L'eau alimentaire de la chaudière se prend sur la cuvette à eau chaude K, alimentée par la pompe à air.

La vapeur, en se rendant dans le condenseur B, rencontre l'injection et se liquéfie; l'eau qui résulte de l'injection et de la vapeur condensée, est enlevée par la pompe dont A est le piston, et elle est conduite par un tuyau de trop plein en dehors de l'atelier.

Les cylindres sont ordinairement en fer fondu. Allésés avec soin, ils sont munis de colleretes pour recevoir les couvercles et leurs boulons, ainsi que des orifices nécessaires pour l'introduction et l'expulsion de la vapeur. Ces orifices sont aussi fabriqués à collerettes, de manière à pouvoir recevoir les boîtes des tiroirs ou des soupapes.

La situation la plus ordinaire des cylindres est verticale. Cependant quelquefois on les dispose horizontalement, d'autres fois d'une manière inclinée à 45 degrés comme dans les figures 56 et 57. Sur les bateaux à vapeur, on en emploie le plus souvent deux et quelquefois trois qui agissent sur le même arbre. Enfin on en a rendu quelquefois oscillans pour éviter l'obliquité de l'action des bièles et l'usage du parallélogramme.

La grandeur du diamètre des cylindres se détermine par la force de la machine, et la quantité de vapeur par le produit de la surface du piston, multiplié par la longueur de la course, ou bien par $0{,}785\,d^2\,h$.

Le rapport entre le diamètre et la course du piston entre d et h est ordinairement de 1 à 2,5 à terre; mais à bord des bâtimens à vapeur, il est singulièrement modifié par la hauteur limitée du pont supérieur.

Le refroidissement des cylindres qui résulte de leur contact avec l'air ambiant a été estimé par Treedgold à environ $\frac{1}{60}$ pour la vapeur à basse pression. Mais il devient d'autant plus considérable que l'on agit à plus haute pression et que l'air ambiant est plus froid.

Pour s'opposer à ce rayonnement, on enveloppe ordinairement les cylindres avec des substances mauvaises conductrices de la chaleur, du bois, de la poussière de charbon; d'autres fois on les renferme dans une chemise en tôle, qui laisse entre elle et le cylindre, une couche d'air d'environ 2 ou 3 pouces. L'air, comme on sait, est un mauvais conducteur du calorique. On a aussi eu l'idée de plonger les cylindres dans les chaudières; mais cette disposition, qui ne peut convenir qu'aux petites machines, a l'inconvénient de rendre peu accessibles les différentes parties des cylindres et des tiroirs, qui ont cependant besoin d'être visitées de tems en tems.

Très souvent encore on enveloppe les cylindres d'une chemise destinée à contenir de la vapeur, et les machines de Woolf sont toutes dans ce cas. Nous avons fait voir plus haut que l'avantage qu'on attribue à une pareille disposition est tout-à-fait illusoire. En outre l'espace annulaire compris entre les deux cylindres se remplit quelquefois d'eau, et un appareil pour expulser cette eau ou la renvoyer à la chaudière devient indispensable.

La partie supérieure du cylindre est fermée par un couvercle qui est traversé dans son milieu par la tige du piston, et cette ouverture est munie d'une boîte à étoupe qui s'oppose complètement à l'issue de la vapeur. Le couvercle des cylindres est ordinairement concave, afin de pouvoir retenir les matières grasses qu'on y dépose et qui servent à lubréfier la tige du piston ainsi que le piston même. On lubréfie la tige du piston en ramassant avec une cuillère, la graisse au-dessus du couvercle, et en la vidant dans la cuvette qui surmonte la boîte à étoupe; et on fait la même opération au piston, en tournant convenablement un robinet adapté sur le couvercle, et qui sert à établir une communication avec l'intérieur du cylindre. On profite pour cela du moment où le piston monte, et où le vide est par conséquent établi dans la partie supérieure du cylindre. La cuvette de la boîte à étoupe de la tige du piston sert elle-même de presse-étoupe, et elle est disposée de manière à pouvoir se serrer au besoin par le moyen de plusieurs écrous et boulons.

Les cylindres contiennent presque toujours une certaine quantité d'eau et d'air quand on met les machines en marche; afin de pouvoir les expulser, on adapte ordinairement aux cylindres un robinet ou une soupape à main qu'on ouvre dans ce moment, et qu'on referme peu après.

Une condition essentielle aux pistons, est de ne point laisser échapper la vapeur, car non seulement il en résulte un accroissement de consommation de vapeur et de plus la nécessité d'une injection d'eau froide plus copieuse dans le condenseur, mais en outre, la vapeur passant à contre-tems de l'autre côté du piston, y exerce une pression contraire qui diminue d'autant la puissance de la machine.

L'épaisseur des pistons varie ordinairement depuis $\frac{1}{5}$ jusqu'à $\frac{1}{6}$ du diamètre des cylindres, et leur condition indispensable est, comme nous venons de le dire, de ne point laisser issue à la vapeur d'un côté à l'autre. Mais cette condition ne saurait s'obtenir sans un frottement qui ne laisse pas que d'amoindrir l'effet dynamique de la vapeur. Ce frottement dépend de la nature des substances employées pour l'établir. Le chanvre fournit un frottement plus considérable que les garnitures métalliques, et Treedgold estime que la première de ces substances, consomme en frottement 0,12 de la force de la machine, tandis qu'une garniture métallique n'en prend que 0,07. Quelle que soit la matière employée pour obtenir les frottemens dont nous venons de parler, il est évident qu'elle doit être susceptible d'une certaine élasticité, afin de pourvoir d'elle-même aux effets de l'usure; mais on est parvenu à obtenir ces conditions par la manière particulière dont les pistons et les garnitures sont fabriqués.

Les pistons à garniture de chanvre, sont plus particulièrement affectés aux machines à basse pression. Cette espèce de piston se compose aujourd'hui de deux parties ; fig. 58, dont l'une *b*, est fixée à la tige du piston, et dont l'autre *c*, s'emboîte par dessus. Ces deux pièces, autant que possible, doivent avoir un diamètre presqu'égal à celui du cylindre, et elles forment entr'elles un canal circulaire qui est destiné à recevoir une garniture de tresses en chanvre de bonne qualité. Le couvercle C, au moyen de plusieurs vis et écrous, tels que S, est susceptible de se rapprocher en s'emboîtant sur la seconde partie du piston, et de ce rapprochement, il résulte que les garnitures sont poussées en dehors et contre la paroi intérieure du cylindre. On peut donc ainsi, par le seul serrement des écrous en S, pourvoir aux effets de l'usure. Ordinairement, quand la pièce C est rendue au point où le rapprochement n'est plus possible, on la soulève pour ajouter quelques nouveaux tours de tresse à la garniture, et on la change même entièrement lorsqu'elle est trop vieille. Quand les garnitures sont neuves, les frottemens deviennent très durs; mais ils ne tardent pas à s'alibrer, et on peut aider à leurs fonctions en faisant tomber dans le cylindre, avec la graisse qu'on y introduit, de la plombagine pulvérisée.

L'obligation d'ouvrir les cylindres pour procéder au serrement des garnitures étant incommode, on a imaginé un genre particulier de serrage qui dispense de cette opération.

Fig. 59. La tige du piston qui s'applique au plateau inférieur est façonnée à vis. Le Le plateau supérieur s'emboîte sur l'inférieur, de la même manière que le précédent. Mais la partie *d*, se visse sur la tige et appuie sur le plateau de serrage ; elle est d'ailleurs dentée sur sa circonférence. Pour faire tourner la partie *d*, de ce piston, on emploie un pignon, dont la tête carré *a*, est destinée à s'adapter à une clé de pareil calibre. Ainsi, il suffira de faire tourner ce pignon pour opérer le serrage du plateau, et ce dernier est arrangé de manière à ne pas suivre le mouvement circulaire de la pièce *d*, au moyen d'une cheville en fer *a*, qui le traverse ainsi que le plateau inférieur du piston.

Comme il ne reste pas assez d'espace entre le couvercle du cylindre et la surface supérieure du piston, et que la tête carrée du pignon s'opposerait à l'achèvement de sa course, on ménage au couvercle du cylindre un espace où cette même tête carrée vient se loger à chaque fin de course, et par où on opère le serrage au besoin. On profite le plus souvent pour cet objet, de l'ouverture qu'on est obligé de pratiquer au couvercle pour le robinet à graisse.

Les pistons métalliques sont en général plus compliqués et plus difficiles à travailler que ceux de chanvre ; mais ils conviennent parfaitement aux machines à haute pression, et quand ils sont bien faits, ils présentent un frottement beaucoup plus doux.

Le plus simple de tous, et en même tems celui qui satisfait aux conditions les plus essentielles est celui-ci :

Fig. 60 et 61. *a b*, et *c d*, sont les deux plateaux qui servent à maintenir la garniture métallique. Cette garniture, fig. 61, se compose de trois segmens de cercles en bronze, et de trois petits triangles équilatéraux en même métal et d'une égale épaisseur. Ces triangles s'appliquent dans la partie angulaire que forment les segmens entr'eux, et sont maintenus à leur poste, par trois chevilles adaptées à la tige et sur lesquelles ils sont susceptibles de glisser un peu. Chacune des trois chevilles est entourée d'un ressort à boudin qui établit une pression sur la tête des coins, et ces derniers sont ainsi sollicités à presser incessamment et à écarter les segmens qui composent la garniture du piston. On superpose d'ailleurs plusieurs systèmes semblables, de manière à ce que les joints ne se correspondent pas.

Il est facile de se rendre raison comment le système de cette garniture se comporte pour prévoir l'usure. A mesure que les segmens s'usent, les coins se poussent en dehors par l'effet des ressorts; leurs extrémités angulaires s'usent de la même manière, et ils continuent ainsi à pousser les segmens contre la paroi du cylindre.

La fig. 62 représente une autre espèce de garniture très simple, c'est le coin, *h*, qui opère la poussée à mesure que l'usure se prononce; cette garniture ne s'introduit dans les cylindres qu'après avoir supporté une tension préalable; elle est comprise comme la garniture précédente entre les deux plateaux fixes des pistons qui, nous l'avons déjà dit, doivent avoir un diamètre presque égal à celui du cylindre.

Les pistons métalliques sont assez difficiles à bien faire, mais ils sont d'un usage à peu près général dans les machines à haute pression, et on les a même adapté aux machines à basse pression. La forme et l'espèce de garnitures ont varié à l'infini; on s'est servi aussi de garnitures façonnées en hélices, et qui faisaient ressort d'elles-mêmes; mais ceux que nous venons de décrire paraissent les plus faciles quant à l'exécution, et ceux dont l'emploi est le plus répandu. L'expérience a, du reste, prouvé que les coins ne déterminent pas des rainures dans les cylindres, et d'ailleurs on a la faculté d'employer plusieurs systèmes croisés, comme nous l'avons dit, de manière à ce que les joints ne se correspondent pas, et on peut aussi fabriquer ces coins en matière plus tendre que celle du reste de la garniture.

La seule chose qui paraît à craindre, et que cependant l'expérience n'a pas démontrée comme un grave inconvénient, est que les ressorts ne perdent leur tension par l'usage.

Il est au reste assez facile de s'apercevoir quand les garnitures des pistons sont perméables, il suffit pour cela d'ouvrir la soupape à graisse, et de faire passer au moyen du tiroir décroché de l'excentrique, la vapeur en dessous du piston. Presque toujours il en passe un peu, mais l'expérience apprend à connaître quand la quantité en est assez grande pour nécessiter le changement des ressorts ou des garnitures. On est parvenu, dans ces derniers tems, à fabriquer des pistons métalliques qui fonctionnent très bien même sans avoir besoin d'être lubréfiés.

La composition de l'alliage dont Perkins se servait pour ses pistons métalliques était de 20 parties de cuivre sur 5 d'étain et une de zinc, son cylindre était en fer de fonte, et la pression de la vapeur de 30 atmosphères. Il prétend que sans être lubréfiés, ses pistons ne laissaient point du tout échapper de vapeur. La *fig.* 62 indique assez leur forme. Ces garnitures se composent de deux anneaux concentriques, dont les joints ne coincident pas et qui étant entrés dans les cylindres après avoir été un peu resserrés, continuent dès lors eux-mêmes la force de ressort nécessaire pour compenser l'usure. Il est du reste assez remarquable que quand, après quelque tems d'usage, les cylindres et les pistons métalliques se sont polis mutuellement, les progrès de l'usure sont presqu'inapréciables.

On attribue souvent à tort à un défaut de construction, la perméabilité des pistons métalliques. Car la plupart des pièces qui les composent, étant à surfaces de révolution obtenues au tour, il est extrêmement facile de leur donner la régularité nécessaire, on peut même dire mathématique, pour que les surfaces frottantes se conviennent avec exactitude. Il en est de même des cylindres, dont le canal intérieur est obtenu au moyen des instrumens connus sous le nom d'allésoir. Ce dernier instrument a acquis son dernier degré de précision depuis qu'on est parvenu à le disposer d'une manière verticale. Les cylindres ne sont plus comprimés sur la table de l'outil en question par les chaînes et les coins qui servaient à les y assujettir d'une manière inébranlable; ils sont allésés verticalement, et on a soin de ne pas interrompre la marche de l'outil qui porte les lames, jusqu'à ce que l'opération soit complètement terminée. Car il arrivait autrefois que non seulement les cylindres s'aplatissaient ou s'ovalisaient de plusieurs millimètres par suite de leur assujettissement sur la plaque ou la table de l'allésoir, mais encore que le porte lame et le cylindre s'échauffaient dans le travail, et si l'on discontinuait l'opération pour la reprendre quand le système était froid, il en résultait des inégalités, ou des rainures circulaires qui altéraient gravement la paroi intérieure des cylindres. Il en résultait aussi que l'axe du cylindre n'était plus symétriquement placé.

Comme aussi les pistons et les cylindres sont travaillés à froid, ou du moins à une température bien inférieure à celle sous laquelle ils sont destinés à fontionner dans la suite, et que le défaut d'homogénéité du métal rend ses dilatations inégales; il en résulte aussi que tel cylindre et piston qui se conviennent très bien à froid, ne présentent plus la même exactitude à chaud. C'est pour cela qu'on ne doit s'attendre à de bons résultats que quand on a pu prévoir ces causes d'inexactitude, soit dans la fabrication des pièces dont nous parlons, soit en les faisant fonctionner à chaud, en introduisant dans les cylindres des poussières corrodantes qu'on supprime plus tard. Il convient également de faire en sorte que les pièces métalliques qui composent le piston soient repérées, et se maintiennent et se retrouvent constamment à la même place soit dans les fonctions de la machine, soit après un démontage nécessaire.

On a aussi eu l'idée de recouvrir les garnitures de chanvre, d'une lame mince métallique qui participe dès-lors au ressort de la garniture de chanvre, et ces lames ont aussi été façonnées en forme de spirales qui enveloppent la surface extérieure des tresses qui composent la garniture de chanvre ou d'étoupe.

Dans toutes les machines, la vapeur est introduite dans les cylindres, au moyen d'un tube qui part de la chaudière S fig. 55, et qui la dirige au moyen de certaines dispositions dont nous nous occuperons plus tard, tantôt au-dessus, tantôt au-dessous du piston. Ce tube doit avoir une dimension telle, que la vapeur puisse y passer sans être gênée, et l'expérience a démontré que son diamètre devait être environ depuis $\frac{1}{7}$ jusqu'à $\frac{1}{4}$ de celui du cylindre.

En avant de la partie de ce tube qui s'adapte aux boîtes de distribution, on dispose une valve ou un robinet qui a pour but d'arrêter l'introduction de la vapeur au cylindre, ou de la modérer de manière à ce que le piston n'acquière que la quantité de vitesse dont on a besoin.

Pour obtenir cet effet, voici la disposition ingénieuse qui est employée et qui est encore due au génie de Watt.

L'essieu de la valve est fixé à un système

de levier et de tringles R, tellement disposés et articulés, que son mouvement dépend de l'écart plus ou moins grand des boules Q, Q. Ainsi, par exemple, fig. 63, quand par suite d'une trop grande vitesse de la part de la machine, les deux boules s'écartent, la pièce *g*, descend, et la valve en X se ferme. Dans le cas contraire, les deux boules se rapprochent, et la valve s'ouvre.

A est une poulie qui reçoit le mouvement de rotation au moyen d'un cordon qui passe sur l'arbre des manivelles. Cette poulie le communique à l'axe du pendule et les leviers articulés en *n* et *m*, opèrent l'ascension ou la descente du manchon *g*, selon que les boules par la force centrifuge se rapprochent ou s'écartent de leur position normale. Z est une fourchette qui limite leur rapprochement. Quelquefois l'axe du pendule reçoit son mouvement de rotation de plusieurs roues dentées à angles, adaptées à son axe et à l'arbre du volant.

Ce modérateur est fondé sur le principe suivant. Fig. 64. Si l'on attache une masse *c*, au bout d'une tige, *d* fixée à charnière à un axe vertical *ab*, cette masse fera une révolution complette dans le même tems qu'un pendule qui aurait pour longueur la distance verticale comprise depuis les points de suspension jusqu'au plan qui passe par le centre de gravité de la masse, ferait une oscillation.

Un pendule qui a 37 pouces de longueur, donne 30 oscillations à la minute. Ainsi donc quand l'arbre de la machine fera trente révolutions à la minute, en admettant que l'axe du pendule en fournisse tout autant, et que ce dernier ait plus de 37 pouces de longueur, la boule s'écartera jusqu'à ce que *c* soit égal à 37 pouces Si le nombre de révolutions augmente, les boules s'écarteront davantage; elles se rapprocheront dans le cas contraire.

La longueur du pendule, et le déplacement qu'il doit produire, sont faciles à déterminer, car on sait que les nombres d'oscillations sont en raison inverse des racines carrées de leur longueur, c'est-à-dire, qu'un pendule 4 ou 9 fois plus long, fait dans le même tems 2 ou 3 fois moins d'oscillations, et qu'il en fait 2 ou 3 fois plus, quand il est 4 ou 9 fois plus court.

Si le poids est obligé de s'élever jusqu'à $c = 37$ pouces, pour faire 30 révolutions par minute, il ne devra donc s'élever que de $e = \frac{9}{16} \times 37$ p. $= 20,8$ pour en faire 40 ; car les longueurs sont en raison inverse du nombre d'oscillations, et en représentant par 1 la longueur primitive du pendule, on a $1 : x :: 1600 : 900$, d'ou $x = 1 \times \frac{900}{1600} = 1 \times \frac{9}{16}$; et si $x = 37$, on aura, x ou e, $= 37 \times \frac{9}{16}$

Appliquons maintenant ces calculs à la construction d'un modérateur.

Soit X la roue dentée fixée à l'axe du modérateur, et supposons qu'il fasse autant de tours que l'arbre du volant de la machine. Supposons aussi que dans son état normal, il soit nécessaire que la machine ne fournisse que 30 pulsations au moins, et 32 au plus ; alors le robinet, dans le premier cas, sera presqu'entièrement ouvert, et dans le second, presque tout-à-fait fermé. Si le nombre de coups de piston s'abaisse jusqu'à 29, le robinet sera complètement ouvert, et les boules indiqueront par leur abaissement jusque sur la fourchette de support, qu'il est nécessaire de ranimer la machine. Ainsi donc dans l'état ordinaire des choses, les boules du pendule ne doivent pas être appuyées sur leurs supports.

Pour que le pendule tourne aussi rapidement que l'arbre du volant, nous avons vû qu'il fallait que c, fût de 37 pouces (1 mètre), le régime de la machine étant de 30 pulsations; dans ce cas, l'angle O étant de 35 degrés, on aura $d : 37 :: 1 \cos. 35° = 0,82$, d'où $0,82 : 1 :: 37 : x = 45$ pouces. Ainsi la distance de b, au centre de la boule, doit être de 45 pouces. Si la machine atteint un maximum de vitesse, c'est-à-dire 32 pulsations par minute, la distance e, deviendra $47 \times \frac{30^2}{32^2} = 37 \times \frac{900}{1024} = 32,5$ pouces.

Les angles de 45° et 35° correspondent aux longueurs des pendules de 32,5 et 37 pouces. Ainsi le pendule doit être construit de telle sorte que le robinet soit entièrement fermé, quand l'angle O est égal à 45°, et de manière à ce que quand les boules s'appuyent sur leur fourchette, cet angle ne soit au plus que de 30 degrés, ce qui indiquera une marche trop lente de la part de la machine.

La longueur qu'on est obligé de donner aux pendules par suite des dispositions précédentes, devient très incommode, quand ils sont appliqués à des machines qui fournissent un petit nombre de coups de piston. On voit, en effet, que dans une machine qui ne donne que 20 pulsations, la longueur du pendule devrait être de $\frac{30^2}{20^2}$, ou 2,25 fois plus grande. Mais comme il est facile de donner aux axes des pendules, un mouvement de rotation plus rapide que celui de l'arbre de la machine, et cela au moyen de divers engrenages ou de poulies d'un rayon différent, il l'est également de donner à ces pièces des dimensions qui puissent s'appliquer commodément aux machines.

Ainsi, dans le cas d'une machine qui ne fournirait que 20 coups de piston, en donnant à l'axe du pendule, au moyen de ses engrenages ou de ses poulies, une vitesse double ou 40 révolutions par minute, on aurait $c = 37 \times \frac{30^2}{40^2} = 37 \times \frac{9}{16} = 20,81$ pouces; et pour la longueur des tiges d, $= 24$ pouces.

Notre compatriote, M. Brunel, a apporté une modification au modérateur de Watt, qui consiste à faire mouvoir les boules dans un sens vertical au lieu de les faire mouvoir horizontalement. Cette disposition paraît plus particulièrement applicable aux machines de bateaux à vapeur, car le système de Watt s'influencerait trop des mouvemens oscillatoires du navire.

La fig. 65 représente son système; *b a*, est

l'axe de rotation du pendule. Les deux bras auxquels est fixée l'extrémité des tiges de pendules, ont leurs anneaux séparés au moyen d'un ressort en hélice, l'un est fixé à l'axe de rotation, tandis que l'autre *b*, est susceptible de glisser et d'entraîner avec lui le manchon et le collet *a*; ce dernier communique le mouvement de va et vient aux tringles du robinet, ou de la valve à vapeur.

Le modérateur conique de Watt n'est applicable qu'aux machines à vapeur, qui comportent avec elles un mouvement de rotation. Pour obtenir le même effet dans celles qui ne jouissent que d'un mouvement rectiligne et alternatif, on a eu l'idée de le remplacer par une petite pompe qui envoie de l'eau dans une cuvette. Cette cuvette contient un flotteur destiné à s'élever ou à s'abaisser selon que la quantité d'eau augmente ou diminue. Pour que le niveau reste stationnaire dans l'état normal de la machine, une des parois de la cuvette est perforée de manière à laisser passer l'eau envoyée par la pompe, quand sa quantité n'est pas trop considérable. Quand par suite d'un excès de vitesse de la machine, cette quantité est plus grande que celle qui peut s'évacuer par les orifices de la cuvette, le niveau remonte, soulève le flotteur, et ce dernier communique son mouvement à la valve de vapeur au moyen de tringles et de leviers coudés convenablement disposés. L'effet inverse a lieu, quand la vitesse de la machine diminue.

Ce mouvement alternatif des pistons dans les cylindres, admet la supposition que la vapeur soit alternativement distribuée, tantôt au-dessus, tantôt au-dessous des pistons, et aussi que chacune des deux capacités des cylindres séparés par le piston, communique alternativement avec le condenseur ou le tube qui établit une communication avec cette partie de la machine. La partie de l'appareil mécanique qui est affectée à ces fonctions, s'appelle la boîte à tiroir ou à soupape.

Quoique les disques ou soupapes qui, autrefois, ouvraient en tems convenable les orifices de vapeur ou de condensation, avaient l'avantage de les déboucher instantanément, cependant leur usage est à peu près généralement abandonné aujourd'hui. Leur application exacte sur leur siége était souvent contrariée par des corps étrangers interposés et qui s'y tassaient; il en résultait des pertes de vapeur et de puissance assez notables.

En outre les fonctions ne s'obtenaient que par des secousses ou par des chocs qu'on cherche à éviter avec soin dans les constructions modernes. Nous ne parlerons donc que des tiroirs et des robinets.

En général, les robinets ont le défaut d'exiger un très grand frottement pour ne pas laisser échapper la vapeur, et en outre de se déformer par suite de l'élévation de température qu'ils sont assujettis à supporter. Cependant on fait l'éloge de celui qu'on emploie aujourd'hui dans les petites machines.

Ce robinet est conique, fig. 66 et 67, et il est appuyé sur son siége de même forme, au moyen d'une vis de pression V. Cette vis traverse aussi une petite cuvette à graisse qui est destinée à lubréfier le robinet. Ce robinet est alternatif, et dans son mouvement, il est susceptible de décrire un quart de circonférence. L'axe qui sert à le mouvoir traverse en S une boîte à étoupe.

La cloison *i*, divise le robinet en deux parties. *a* est le tube de vapeur, *c*, le conduit qui la dirige au-dessus du piston, et *d*, celui qui la dirige au-dessous. *f* est le passage au condenseur Z.

Dans la situation du robinet indiquée par

la planche, la vapeur, du haut du cylindre, se dirige au condenseur, tandis que le bas du même cylindre communique avec le tube de vapeur *a*; et si on fait faire un quart de révolution au robinet, toutes les choses se passeront en sens contraire.

Il est évident que cette disposition donne lieu à une assez grande perte de vapeur, relative à la capacité des conduits comprise depuis les extrémités des cylindres jusqu'au robinet distributeur. Cette perte est évidemment réduite quand on agit avec détente, puisque cette même portion de vapeur y participe aussi, et que ce n'est plus dès lors que de la vapeur dilatée qui passe au condenseur.

Les modes de distribution de la vapeur, au moyen de robinets à plusieurs ouvertures, varient à l'infini; mais, comme nous l'avons dit plus haut, ils sont frappés de si graves inconvéniens, qu'on ne les applique plus guère qu'aux machines de petites dimensions, et encore sont-ils presque généralement abandonnés aujourd'hui. Le mode de distribution dont on se sert le plus habituellement est le suivant.

Les fig. 68 et 69 représentent la boîte des tiroirs, et le tiroir. *o* est la tige qui met en mouvement le tiroir GG. Le tube de vapeur débouche en S, et le tiroir même comporte le conduit E, par où la vapeur se dirige au condenseur; en G G, se trouvent des garnitures de chanvre qui supportent le frottement contre la boîte.

On remarquera que les tiroirs glissent sur des plaques de frottement adaptées à chaque orifice du cylindre.

Dans la position du tiroir donnée dans la figure 68, la vapeur arrivant par S se dirige au-dessous du piston, tandis que celle qui est contenue dans la partie supérieure du cylindre est libre de s'évacuer, et de passer au condenseur par F et E. Dans la fig. 69, au contraire, le piston est pressé en dessus par la vapeur, tandis que le bas du cylindre communique avec le condenseur. Dans le cas de la fig. 68, le piston monte; dans celui de la fig. 69, il descend.

Quand les machines fonctionnent avec détente, on affecte aux tiroirs ou aux robinets, plusieurs mouvemens qui règlent l'époque de l'interception complète de la vapeur. Mais on doit voir que par la disposition des tiroirs que nous avons décrit, il y a déjà lieu à un peu de détente de la part de la vapeur, puisque les orifices des cylindres ne sont complètement débouchés qu'à une seule époque de la course des tiroirs.

On a employé plusieurs genres de tiroirs à double effet, qui satisfont aux conditions de la détente. Mais quand on veut obtenir ces effets par des soupapes ou des valves auxiliaires, les moyens deviennent simples, d'une construction facile et commode à régulariser. Ce sont ceux-là que nous recommandons particulièrement.

Ils consistent à disposer en dehors des boîtes à tiroirs, sur le tube de vapeur, une valve qui se ferme en tems opportun, et qui est mise en mouvement par un excentrique ou une came placée sur un des arbres tournans de la machine. Cette came, composée de deux secteurs de cercles liés ensemble à frottement par le moyen d'une vis de pression, est susceptible d'être étendue à volonté et d'une manière graduée; on a ainsi la faculté d'augmenter ou de diminuer le tems de l'introduction de la vapeur, et de la quantité de détente qu'on veut obtenir.

On a objecté à l'emploi de la valve auxiliaire dont nous venons de parler, que la portion de vapeur comprise entre le tiroir et cette valves était perdue ; mais on doit faire attention que ce n'est que de la vapeur détendue. Et que la force élastique et primitive de la vapeur de cette partie du tube n'a pas été perdue, relativement à l'appareil mécanique, puisque dans sa course elle agissait sur le piston par sa force élastique, qui s'ajoutait et se mettait en équilibre avec celle de la vapeur contenue dans le cylindre. Ainsi donc, on ne perd réellement qu'une très faible quantité de force, et d'ailleurs cette perte peut être entièrement annihilée, en disposant la valve de détente très près ou même à toucher du tiroir.

Le procédé le plus convenable pour faire mouvoir les tiroirs est celui-ci. A, fig. 70, est l'arbre du volant de l'excentrique, et *c*, le chariot. Ce chariot est susceptible d'être serré à volonté, au moyen des écrons doubles en *f*, *f*; *h*, *i*, *k*, est le levier coudé qui reçoit le mouvement de l'excentrique au moyen du bouton *h*, sur lequel il accroche. *y*, est le levier à main qui sert à faire mouvoir les tiroirs quand l'excentrique est décroché, *x* est le manche adapté à l'extrémité du levier de l'excentrique, sur lequel on agit quand il est nécessaire de le décrocher.

Le mouvement par excentrique est très

doux, il ne produit pas la moindre secousse, et quoiqu'on ait cherché à le remplacer par d'autres moyens, il est presque généralement adopté dans toutes les constructions modernes.

Le mouvement des pistons et de leurs tiges est un mouvement rectiligne. Quand les machines doivent être appliquées à l'ascension de l'eau, il peut être immédiatement adapté aux tiges des pompes à eau, qui se meuvent également en ligne droite ; mais depuis que les machines à vapeur ont pu être appliquées à beaucoup d'autres travaux; il a fallu nécessairement chercher les moyens de leur faire produire d'autres mouvemens, et le mouvement circulaire est le principal.

Pour obtenir du mouvement rectiligne des pistons ou de leur tige un mouvement circulaire, on emploie ordinairement des pièces auxiliaires ou leviers qu'on appelle balanciers; ces pièces reçoivent la puissance du piston, et la transmettent au moyen de bièles pendantes ou verticales, à une manivelle coudée fixée à l'arbre du volant.

h, *f*, fig. 55 est le balancier. Il reçoit son mouvement de la tige *p*, *g*, du piston, au moyen de la pièce articulée intermédiaire *f*, *g*; et la bièle *o*, le communique à la manivelle du volant.

Le balancier n'a pas seulement pour but de communiquer la puissance, on trouve encore dans sa longueur les points d'appui nécessaires pour faire mouvoir le piston de la pompe à air et à eau dont R est la tige. Les pompes N et L, nécessaires aux fonctions de l'appareil, y trouvent également leur point d'appui.

Il résulte de ce que l'extrémité de la tige du piston fournit un mouvement rectiligne, qu'elle ne saurait en dévier sans se fausser ou sans occasioner des frottemens considérables et destructeurs, elle ne peut donc être liée immédiatement à la tête du balancier, qui décrit un mouvement circulaire plus ou moins étendu. Il est même nécessaire que la pièce intermédiaire *g*, *h*, soit limitée dans son obliquité, afin qu'elle puisse exercer son impulsion sur la tête du balancier.

Le procédé au moyen duquel on est parvenu à obliger l'extrémité de la tige du piston à se mouvoir en ligne droite, bien qu'elle soit liée à une pièce qui décrit une portion de cercle, est ingénieux et simple. Il se compose d'un système de tringles dont la réunion s'appelle parallélogramme, et qui en effet en forme un dans toutes ses positions.

Soit, fig. 71 *a d*, un balancier et *a*, *c* et *a f*, les positions extrêmes de cette même pièce, le point *c*, décrira nécessairement autour du centre *a*, l'arc de cercle *c d f*. Maintenant si nous adaptons au balancier un système de tringles tels que *b h*, *c g*, et *h g*, articulées en *b*, *c*, *g*, *h*, il sera toujours possible, en faisant fléchir le système, d'obliger le point *g* à parcourir la verticale *c g k l*. Dans ce mouvement, il est évident que le point *h* reculera d'une certaine quantité, et il viendra occuper les positions respectives *h*, *m*, *n*. Il faut remarquer cependant que la courbe *h m n* n'est pas un arc de cercle, mais qu'il s'en faut de si peu, qu'on peut négliger dans la pratique cette déviation.

La construction du parallélogramme consiste à faire parcourir au point *h* le chemin que nous venons d'indiquer. Pour cela, du point *h* comme centre, on décrit deux arcs de cercle, l'un à droite et l'autre à gauche de ce point; on en fait ensuite de même du point *m*, et de manière à couper les deux premiers. Après cela, on fait passer par les intersections une ligne *q o*. La même opération graphique étant répétée aux points *m* et *n*, on aura la ligne *p o*, qui coupera la première en un point *o*, qui servira de centre de mouvement. Si donc on lie le point *o* avec le point *h* au moyen d'une tringle *oh* à charnière en *o* et en *h*, le point *g* ne s'écartera pas d'une manière sensible de la ligne droite *gkl*.

Voici la méthode de Watt, fig. 73. Au bout et vers le milieu du balancier qui oscille autour du point C, sont attachées deux tringles *a'd'* et *b'c'* d'égales longueurs et liées entr'elles au moyen des tiges *d'c'* = *a'b'*, de manière à former toujours un parallélogramme dans toutes les positions du balancier. Les trois tiges sont liées entr'elles et au balancier par articulation. Le point *d'* devant rester dans la verticale pendant le mouvement, on adapte en *c'* un tirant *o c'* qui peut tourner autour du point *o*. Ce point *o* se détermine en traçant les positions supérieures, moyennes et inférieures, et en ayant soin de placer *d'* dans la verticale *d' d''*. Cette construction fournit les trois points *c c'c''* et par suite un cercle dont le centre donne le point *o* et le rayon la longueur du tirant.

Le centre d'oscillation *o* du tirant est d'autant plus éloigné de la verticale, que *a'b'* est plus petit par rapport à la longueur $a'C$ du balancier. Si $a'b' = \frac{1}{2} A'C$ le point o se trouve sur la verticale, fig. 73, et pour, $a'b' > \frac{1}{2} a'c$, le point o tombe du même côté que le point C.

En outre, si l'on mène la ligne cd', chacun de ses points se mouvra dans une direction verticale. Cependant, ils s'en écarteront d'autant plus, qu'ils seront plus près du point C.

Le point d' est donc celui qui dévie le moins de la verticale et qu'on doit préférer à tous les autres pour y attacher l'extrémité de la tige du piston. Cependant on se sert souvent du point c' pour y attacher la tige de la pompe à air, qui a besoin aussi d'un mouvement vertical.

Dans les machines à deux cylindres de Woolf, il y a encore un autre point intermédiaire V, auquel est attachée la tige du piston du petit cylindre. Ce point est lié au balancier par les tiges vr, et vs, ou par un autre moyen.

La fig. 74, montre une disposition particulière aux machines des bateaux à vapeur; afin de pouvoir fixer le centre d'oscillation du parallélogramme sur le cylindre moteur même, on a adapté l'extrémité du tirant, un peu au-dessous du point C.

La figure 75, représente une disposition tout-à-fait ingénieuse. Soient *cd*, *cd'*, *cd''*, les positions supérieures, moyennes et inférieures du balancier dont le centre d'oscillation est en *c*; soient aussi les points *d d' d''*, qui appartenant à la tige du piston, doivent rester dans la verticale. Pour que cette dernière condition existe, il faut qu'un point *m* quelconque du balancier arrive successivement en *m'* et *m''* de manière que $md = m'd' = m''d''$. On produit cet effet en joignant le point *m* avec un tirant, *o m*, mobile autour d'un point fixe *o*, qui est le centre du cercle *m m' m''*, et en donnant au centre d'oscillation *c* du balancier, la liberté de glisser dans une coulisse, ou en attachant cette même extrémité à un levier à charnière en Z.

Ce mécanisme est très simple, mais, attendu la grande pesanteur du balancier ainsi suspendu, il serait peut-être difficultueux de l'appliquer en grand.

Du Volant.

Le volant est une roue circulaire et pesante dont la masse est faite pour égaliser par sa force vive les inégalités de la puissance et de la résistance.

Toute indispensable qu'est cette pièce pour régulariser les fonctions des machines, elle ne laisse pas que de consommer une portion de la puissance motrice, soit par le frottement des tourillons, soit par celui de sa jante ou de ses rayons dans l'air ambiant.

Voici la règle qui est prescrite pour trouver, à l'égard de chaque machine, le poids que doit avoir le volant.

On multiplie le nombre de chevaux par 2000, et on divise le produit par le carré de la vitesse exprimée en pieds par secondes, et le quotient donne en quintaux de 100 livres le poids cherché, d'où :

$$P = \frac{2000N}{V^2}$$

Mais R étant le rayon du volant en pieds et, n, le nombre de tours en une minute on a :

$$V = \frac{2\,PRn}{60} = \frac{PRn}{30}$$

Et par conséquent :

$$P = \frac{2000N \times 30^2}{P^2R^2n^2} = \frac{176300N}{R^2n^2}$$

Soit N = 20 chevaux R = 9 pieds et $n = 22$, on trouvera $P = \frac{176300 \times 20}{9^2 \times 22^2} = 90$ quintaux.

L'effet dynamique du volant, étant proportionnel au carré de sa vitesse il est évident qu'il convient mieux d'augmenter cette dernière que sa masse. Et on parvient facilement à obtenir des accroissemens de vitesse par une adjonction de roues dentées qui est très facile.

Il est bon cependant de ne pas dépasser certaine limite que l'expérience à démontrée être de 80 tours par minute, car on doit craindre les effets de la force centrifuge, qui croît comme le carré de la vitesse.

La formule ci-dessus montre également, que le poids d'un volant est en raison inverse du carré de son rayon. C'est pourquoi on doit chercher à lui donner le plus grand diamètre possible et à transporter presque tout son poids au cercle extérieur. Le noyau et les rayons ne doivent avoir que la force nécessaire pour résister à la force centrifuge, et aux arrêts instantanés de la part de la machine.

On donne ordinairement dans la pratique aux rayons des volans 4 ou 5 fois la longueur des manivelles. Si donc la course du piston est de 5 pieds, la manivelle aura 2,5 pieds, et le rayon du volant sera 10,0 ou 12,5 et son diamètre 20 ou 25 pieds.

Ces pièces se font en plusieurs parties quand elles sont de grandes dimensions.

Du Condenseur et de la Pompe à air.

Le condenseur est une capacité B, fig. 55, dans laquelle se produit l'injection de l'eau froide et par conséquent le vide. Cette capacité doit être hermétiquement bouchée, et c'est une des conditions les plus indispensables à une parfaite condensation. Ce vaisseau dans les machines de terre est plongé dans un autre vaisseau qu'on nomme la bâche et qui est alimenté d'eau froide par la pompe alimentaire N. C'est sur l'eau de cette bâche que se prend ordinairement l'injection, et l'ouverture seule du robinet K suffit pour la produire avec force. En effet, la pression de l'atmosphère agit sur l'eau de la bâche, tandis que le vide est à peu près complet dans l'intérieur du condenseur.

Souvent on se dispense d'affecter une bâche au condenseur. Alors l'injection est obtenue au moyen d'une pompe foulante mue par la machine, et dont le tube communique directement avec le tube d'injection dont K est le robinet. A bord des bateaux à vapeur, la nécessité d'une pompe foulante n'est pas indispensable, car l'appareil condensateur est toujours abaissé par rapport au niveau de l'horizon ou de l'eau extérieure, et un simple tube qui traverse le navire et le condenseur, garni d'un robinet ou d'une valve à tiroir, suffit à cet usage. On se dispense même d'adapter à l'extrémité du tube d'injection, une pomme d'arrosoir, quoique cette disposition soit favorable à la dispersion de l'eau en pluie dans l'intérieur du condenseur, et conséquemment à une prompte condensation. On a également dans ces derniers tems supprimé la grille qui était disposée en dehors du bord, sur la face avant de l'ouverture du tube d'injection, attendu que des algues ou toute autre matière flottante s'appliquaient quelquefois contre les grilles en question, et ensuite contre les pommes d'arrosoir dont nous avons parlé plus haut. Ces corps étrangers avaient le grave inconvénient de paralyser l'injection, et il était très difficile de les enlever.

Le condenseur est en communication directe d'une part avec le cylindre, et de l'autre avec la pompe à air et à eau A.

Cette dernière pompe dont le conduit est situé au bas du condenseur, a pour objet d'enlever l'eau d'injection, qui finirait par remplir le condenseur, et ses fonctions s'opèrent au moyen même des mouvemens du balancier.

Le tube qui conduit l'eau du condenseur au-dessous du piston de la pompe à air, est muni d'une soupape, qui a pour but d'empêcher l'eau de rétrogader au condenseur, dans le mouvement de descente du piston. On voit son siége en dessous de K.

Le piston de la pompe à air est aussi muni à sa partie supérieure, de deux soupapes ou clapets, qui s'ouvrent de bas en haut, de telle sorte, que quand le piston appuie sur l'eau inférieure, ils s'ouvrent, tandis qu'ils se referment dans le mouvement ascendant de ce même piston. L'eau est ainsi soulevée, et elle s'écoule dans le vaisseau à eau chaude K. Ce dernier vaisseau est également muni d'un clapet qui empêche l'eau de retrograder à la pompe à air.

Du vaisseau K, l'eau s'expulse en dehors de l'atelier, mais comme elle s'est un peu échauffée par suite de la condensation de la vapeur, et qu'en outre elle est un peu plus pure que l'eau ordinaire, on en prend une portion pour alimenter la chaudière; c'est la pompe L qui préside à cette fonction.

Les condenseurs sont ordinairement munis d'un baromètre, qui sert à mesurer l'énergie du vide produit par la condensation; mais ordinairement le tact seul suffit aux machinistes, pour s'assurer si les fonctions de cet appareil s'opèrent d'une manière convenable.

Nous avons déjà exposé les conditions nécessaires à l'œuvre de la condensation, et les moyens d'en déduire les dimensions à donner aux appareils affectés à ce service. Il nous reste encore à parler des calculs nécessaires à la détermination de la puissance des différentes machines à vapeur.

CHAPITRE XII.

CALCUL DE LA PUISSANCE DES MACHINES A VAPEUR.

Pour déterminer la puissance d'une machine à vapeur, on la compare ordinairement à celle d'un nombre de chevaux dont elle est capable de produire le travail.

Une force n'est déterminée que quand on connaît son énergie, le tems pendant lequel elle agit, et sa vitesse pendant ce même tems.

Il ne s'agit pas de dire qu'on a produit une très grande puissance quand on est parvenu à soulever de très grandes masses, car on a pu y employer beaucoup de tems. L'effet si merveilleux de la presse hydraulique, ne représente absolument que la somme de toutes les petites forces qu'on a dépensé pendant long-tems pour injecter avec une petite pompe, de l'eau ou de l'huile dans un grand cylindre. Il faut du tems pour opérer le déplacement du grand piston, et pour peu que la résistance cède, on s'aperçoit bien vite qu'il faut faire de nouveaux frais de force pour compenser le déplacement.

Cette loi de statique n'est pas assez connue des ouvriers, ils ne jugent ordinairement de l'effet produit que par le résultat final, sans tenir compte des moyens, ni du tems ni de la vitesse employés pour les obtenir. Quand on parviendra à les convaincre que quand, avec une quantité de force déterminée, on gagne en puissance, on perd en vitesse ou en tems et réciproquement, on arrêtera bien des dépenses ruineuses et sans résultat.

La force des chevaux est extrêmement variable. Cependant on est à peu près convenu d'adopter l'estimation suivante pour terme de comparaison.

Un cheval ordinaire peut soulever verticalement 180 livres à 3 pieds de hauteur en 1 seconde. Ou 180×3 à un pied de hauteur dans le même tems. Ou encore $180 \times 3 \times 60$ en une minute. C'est-à-dire, 32400 livres anglaises à une hauteur de 1 pied. En mesures françaises, 27600 livres à 1 pied en une minute, ou 4500 kilogrammes à 1 mètre de hauteur en une minute, 75 kilogrammes en une seconde.

Treedgold estime que par suite des pertes qui résultent : 1° du frottement nécessaire qu'éprouve la vapeur en passant aux cylindres; 2° de son refroidissement dans le cylindre et les conduits; 3° du frottement du piston et des fuites, 4° de la force nécessaire pour expulser la vapeur; 5° de la force nécessaire pour ouvrir et fermer les soupapes, élever l'eau d'injection et vaincre le frottement des axes; 6° de la détente provenant de ce que la vapeur est interceptée avant la fin de la course des pistons; 7° de la force nécessaire pour mouvoir la pompe à air; 8° enfin, de ce que la vapeur n'est pas complétement condensée, la pression effective de la vapeur à basse pression sur les pistons, ne doit être comptée que pour 0^k50 par centimètre circulaire, ou 0^k63 par centimètre carré.

D'après cela, il est très facile de déterminer la puissance d'une machine à vapeur à basse pression. Admettons qu'il s'agisse d'une machine dont le diamètre du piston soit de $1^m,09$ et que la vitesse soit par minute, de $54^m,68$.

Le moment statique sera

$$109^2 \times 54,68 \times 0,50 = 324945.$$

Ce nombre, divisé par 4500, donnera 70,2 pour le nombre de chevaux que représente la machine.

La puissance des machines à vapeur à haute pression et sans condenseur, est encore plus facile à déterminer. Mais en général, pour ne pas se trouver en défaut, on estime presque constamment la moitié de la pression de la vapeur comme perdue par une partie des causes précitées et l'inertie de l'appareil.

Pour déterminer la puissance des machines qui agissent par détente, voici comment on peut s'y prendre.

Soit une machine dont le piston a $0^m,4$ de diamètre, sa surface sera égale à $0,7854 \times 0,4$, ou 0,12566 mètres carrés. Supposons la pression de la vapeur de 5 atmosphères, et que la course du piston soit de $1^m,2$, et qu'on intercepte l'entrée de la vapeur au $\frac{1}{4}$ de la course, c'est-à-dire à $0^m,3$ de la course. A chaque course du piston, il y aura $0,12566 \times 0,3 = 0,0377$ mètres cubes de vapeur employée, et après 50 courses en une minute, il y en aura $50 \times 0,0377 = 1,885$ mètres cubes.

Or, d'après les tables contenues dans cet ouvrage, nous voyons que l'effet dynamique de 1 mètre cube de vapeur qui se dilate du quadruple, étant augmenté de 24650 kilogrammes, celui de la vapeur primitive dont l'élasticité fait équilibre à 5 atmosphères, doit être égal à $5 \times 24650 \times 1,885 = 232326$ en ne prenant que les 0,4 (1) de cet effet donné par la théorie, on obtient 92030 kilogrammes pour l'effet utile, ce qui équivaut en force de cheval à $\frac{92030}{4500}$ ou 20,44 chevaux.

En employant la même vapeur sans détente, dans un cylindre d'un diamètre 4 fois

(1) Pour le calcul des machines à détente sans condenseur, dans lesquelles la vapeur ne se dilate qu'autant qu'elle peut vaincre les obstacles de la machine et la pression atmosphérique, Treedgold porte à $0,4\,d$ la force perdue pour détruire les obstacles (d représente la tension de la vapeur dans la chaudière) de cette manière la détente de la vapeur se trouve resserrée dans des limites trop bornées. A la fin de la course des pistons, la vapeur doit conserver une force égale à $0,4\,d + 1$ (1 étant la pression atmosphérique).

Soit $d = 5$ atmosphères, $0,4\,d + 1 = 2 + 1$ serait en atmosphères l'expression de la force de la vapeur dilatée, et l'interception devrait se faire aux $\frac{3}{5}$ de la course du piston; pour $d = 10$ on aurait $0,4\,d + 1 = 5$, et l'interception devrait se faire à $\frac{1}{2}$ de la course du piston. Ce résultat ne semble pas d'accord avec l'expérience.

plus petit, la dépense de vapeur sera la même, et l'effet dynamique de la vapeur, égal à 1,885 mètres cubes, sera $5 \times 10330 \times 1,885 = 97360$ dont les 0,6 donneront pour l'effet utile 56416, ou environ 13 chevaux.

Tels sont les moyens qu'on emploie pour déterminer la puissance des machines à vapeur. Mais comme il est très possible que par la défectuosité des machines, les idées de constructions particulières à chaque auteur, les innovations introduites, enfin l'espèce de machines employées, elles ne reproduisent pas la force calculée plus haut, on a dû rechercher un procédé pratique qui pût accuser la force réelle de la machine pendant ses fonctions, c'est M. de Prony qui l'a trouvé.

Nous avons exposé la construction et les principes de cet appareil, ainsi que les moyens de calculer la puissance de la machine à vapeur à laquelle il est appliqué, dans la première partie de cet ouvrage (voyez Frein de Prony), et nous y renvoyons le lecteur. Il y verra aussi que le frein de Prony ne peut s'appliquer qu'aux machines à vapeur qui fournissent un mouvement circulaire. Et, bien que ce soit le cas de presque toutes les machines modernes; cependant il est encore né-

cessaire de déterminer la puissance de celles qui ne fournissent qu'un mouvement rectiligne alternatif.

Mais comme le mouvement rectiligne est particulièrement affecté aux pompes à eau, dont les pistons fonctionnent également, ou du moins le plus généralement comme ceux des machines à vapeur même, il en résulte des simplifications très grandes de mécanisme, et en outre des moyens positifs d'estimer la puissance.

Supposons en effet, que le cylindre à vapeur *a*, fig. 76 bis, soit adapté sur une table TT, et que la traverse du piston *bb*, soit immédiatement liée à la traverse inférieure *cc*, au moyen des tringles *bc*, *bc*, il sera facile d'affecter à cette dernière, dans son milieu, la tige même de la pompe à eau, et si l'axe du cylindre à vapeur et celui du cylindre à eau se correspondent verticalement, ils se serviront mutuellement de guide, et l'emploi du parallélogramme devient superflu. Ce n'est pas tout, on peut trouver sur la traverse *bb* les moyens de faire jouer les tiroirs, et la pompe alimentaire ou la pompe à eau et à air de l'appareil à vapeur.

Il est vrai que la force nécessaire pour

faire mouvoir ces derniers appareils n'est pas la même, et tendrait à déranger par son inégalité la verticalité ou le parallélisme du châssis. Mais comme on a la faculté de prolonger la traverse *b b*, d'une quantité quelconque, il s'ensuit qu'en installant à différentes distances de la tige du piston à vapeur, les points d'appui en question, on parviendra à équilibrer les forces, attendu que les leviers seront en rapport des puissances.

Pour mesurer la puissance des machines ainsi appliquées à l'élévation de l'eau, il suffit de tenir compte du poids de l'eau et de la hauteur à laquelle elle est élevée dans un tems donné. On sait qu'une unité dynamique est égale à un mètre cube d'eau, élevé à un mètre de hauteur, en une seconde.

CHAPITRE XIII.

DES SOUPAPES DE SURETÉ.

L'emploi des soupapes de sûreté est fondé sur ce que la pression de la vapeur agit sur chaque partie de la surface de la chaudière proportionnellement à sa force, et sur ce que cette pression, pour une atmosphère équivaut à un poids de 14 ou 15 livres par pouce carré, ou $1^k,03$ par centimètre carré. Si donc on pratique une ouverture à la chaudière, et si on y adapte une soupape chargée d'un poids, elle restera bouchée tant que la pression de la vapeur ne surpassera pas celle de l'atmosphère, plus celle du poids qui charge la soupape; tandis que dans le cas contraire, elle pourra s'échapper en soulevant la soupape et le poids, et on n'aura pas à craindre que la vapeur s'accumule dans la chaudière.

Pour qu'une pareille soupape réunisse les conditions nécessaires pour bien fonctionner, il faut qu'elle ait une largeur convenable, que son poids soit en rapport avec la pression qu'on ne doit pas dépasser, et qu'elle ne soit point gênée dans ses fonctions.

Pour qu'une soupape empêche la vapeur de dépasser une certaine pression, il est nécessaire que l'ouverture soit assez grande pour laisser échapper l'excès de vapeur qui peut se produire; par conséquent il s'agit de déterminer la quantité de vapeur d'une certaine tension qui peut se produire en une seconde, et quelle est la vitesse qu'elle acquiert pendant le même tems pour s'échapper par un orifice d'une grandeur déterminée.

Nous avons vu qu'on peut admettre que 1 mètre carré de surface de chauffe, peut fournir environ 30 kilogrammes de vapeur en une heure, ou $\frac{1}{120}$ de kilogramme en une seconde. Une chaudière présentant 8 mètres carrés de surface de chauffe, fournira en une seconde $\frac{8}{120}$ ou $\frac{1}{15}$ k de vapeur. Si la vapeur ne doit pas dépasser une élasticité de deux atmosphères, il devra s'échapper $\frac{900}{15}$ ou 60 décimètres cubes de vapeur par seconde, puisque 900 décimètres cubes d'une telle vapeur pèsent un kilogramme; de plus, comme sa vitesse dans l'atmosphère est de 428 mètres ou 4280 décimètres, il s'ensuit qu'un orifice

de 1 décimètre carré laissera passer 4280 décimètres cubes de vapeur par seconde. Pour l'expulsion de 60 décimètres cubes, il suffira que l'ouverture ait $\frac{60}{4280} = \frac{1}{71}$ décimètre carré, ou 1,4 centimètre carré.

Si la chaudière présentait une surface de chauffe de deux mètres carrés, et que la pression maximum de la vapeur dût être de 10 atmosphères, la quantité de vapeur produite serait égale à $\frac{2}{120}$ ou $\frac{1}{60}$ de kilogramme par seconde, et comme 208 décimètres cubes de cette vapeur pèsent un kilogramme, il ne se forme que $\frac{208}{60} = 3,5$ décimètres cubes de vapeur par seconde, et l'orifice que forme la soupape doit avoir $\frac{315}{6080}$ décimètre carré, ou environ 0,06 centimètre carré.

Quoique ces calculs démontrent qu'une petite ouverture est suffisante pour prévenir les dangers; cependant on est obligé dans la pratique, de les faire plus grandes, attendu qu'il peut se faire que la machine soit arrêtée pendant quelque tems. Toutefois l'augmentation de pression ne croît pas aussi vite qu'on pourrait le croire, la production de la vapeur restant d'ailleurs uniforme.

Soit une chaudière à basse pression contenant 200 pieds cubes d'eau et 100 pieds cubes de vapeur à 1 $\frac{1}{7}$ d'atmosphères, et pouvant vaposiser 15 livres d'eau ou $\frac{1}{4}$ de pied cube par minute. La chaleur qu'elle absorbe dans ce cas, est 15600° ou 9000°. S'il se formait réellement 15 livres de vapeur sans qu'aucune portion fût consommée, le poids des 100 pieds cubes égal à 4 livres s'élèverait à 4 + 15 = 19, et la vapeur aurait une densité presque 5 fois plus grande.

Comme à mesure que la vapeur devient plus dense, la température s'élève aussi, il s'ensuit que toute la masse d'eau de la chaudière doit acquérir une température plus élevée ; ainsi la température de la vapeur dont l'élasticité est de 1 $\frac{1}{8}$ atmosphère, étant de 105 degrés, et celle dont l'élasticité est de 2 atmosphères, étant de 122 degrés, il faudra que toute la masse d'eau se surchauffe de 17 degrés; en même tems que l'élasticité de la vapeur, de simple qu'elle était d'abord, deviendra double.

Or, 200 pieds cubes d'eau ou 12000 livres, exigent 17 × 12000 = 204000°, pour s'échauffer de 17 degrés; on voit donc qu'il devrait s'écouler environ 22 minutes avant que l'élasticité de la vapeur se soit doublée, en supposant d'ailleurs que la chaudière reçoive toujours la même quantité de chaleur, savoir : 9000°.

D'après cela, on voit qu'une accumulation de vapeur est d'autant plus à craindre, qu'il y a moins d'eau dans la chaudière et que la pression habituelle de la vapeur est plus grande ; attendu qu'il n'y a plus besoin que d'une élévation de température de plus en plus faible.

Soit enfin une chaudière dans laquelle la vapeur possède une élasticité équivalente à 4 atmosphères, ne contenant que 40 pieds cubes d'eau, et 20 pieds cubes de vapeur, et absorbant 7200° par minute, la température de l'eau et de la vapeur sera de 145 degrés ; dans ce cas, la température s'élevera de 3° en une minute, et deviendra égale à 157° en 4 minutes, elle sera de 169° en 8 minutes. Or, cette dernière température correspond à une élasticité de vapeur équivalente à $7\frac{1}{4}$ atmosphères.

On voit donc que les chaudières à haute pression doivent être plus grandes afin qu'elles ne présentent pas plus de chances de destruction sous le rapport que nous venons d'examiner. La quantité de poids dont on doit charger les soupapes de sûreté est facile à déterminer.

On sait que pour chaque atmosphère de pression en sus de celle de l'atmosphère extérieure, le poids doit être :

14,5 liv. angl. pour 1 pouce carré
ou 11,33 . . . . 1 po. circulaire
1 03 . . . . 1 centimètre carré
ou $0^{k}81$ . . . . 1 cent. circulaire.

Ce qui revient environ à une demi-livre par pouce carré, pour une hauteur barométrique de 1 pouce ou 0 ,136 par centimètre carré pour une hauteur barométrique de dix centimètres.

Une soupape de 8 centimètres carrés doit être chargée de $2 \times 8 \times 1{,}03 = 16{,}48$ kilog. pour que l'élasticité de la vapeur soit limitée à 3 atmosphères, et une soupape de 4 pouces circulaires, doit l'être de $\frac{1}{4} \times 4 \times 11{,}33 =$ 11,33 livres pour un maximum de pression de 1 $\frac{1}{4}$ atmosphère.

La presion de la vapeur à 100 degrés de température, faisant équilibre à celle de l'atmosphère, il s'ensuit que, dans le premier cas, bien que la pression de la vapeur dans l'intérieur de la chaudière soit de trois atmosphères, la soupape n'appuie sur son siége,

qu'en raison de la différence ou deux atmosphères, et dans le second, en raison de $\frac{1}{4}$ d'atmosphère seulement, et qu'aussitôt que la pression intérieure dépassera ces limites, elles se soulèveront.

Il n'est pas probable que la quantité des explosions soit attribuable à des surcharges de la soupape de sûreté ; les ouvriers connaissent trop bien les accidens terribles qui peuvent en résulter, et ils savent aussi qu'ils en sont les premières victimes.

Cependant on a jugé utile de pourvoir les chaudières de deux soupapes de sûreté, dont l'une est enfermée à clé dans une espèce de cage grillée hors des atteintes de la malveillance.

Il n'est pas nécessaire de dire que dans la détermination précédente de la charge des soupapes de sûreté, on doit tenir compte de leur poids ; mais il est encore une autre circonstance à laquelle on doit avoir égard relativement aux soupapes qui ont une forme et un siége conique ; c'est que la surface supérieure étant plus grande que l'inférieure, il en résulte des inégalités de pression ; si, par exemple, l'une des surfaces est de 4 $\frac{1}{2}$ pouces carrés, et l'autre de 4 seulement, les pressions seront respectivement comme $4\frac{1}{2}$ pouces carrés $+ 14,5 = 65\frac{1}{4}$ livres, et $4 + 14,5 = 58$ livres, pour une pression d'une atmosphère. Si l'on ne surchargeait pas la soupape, il faudrait donc que la vapeur fût de $\frac{1}{6}$ plus élastique pour la soulever (1).

Il est clair toutefois que cet effet ne serait sensible que dans le moment qui précède le soulèvement de la soupape, car l'inégalité disparaît dès qu'il arrive un peu de vapeur entre la soupape et son siége conique.

Il y a encore une autre circonstance qui peut contrarier le soulèvement des soupapes, quelle que soit d'ailleurs leur forme. C'est l'adhérence qu'elles acquièrent, par un séjour trop prolongé sur leur siége. Cette circonstance à laquelle les effets de l'oxidation ne sont pas étrangers (2), peut être prévue en ayant soin de les remuer de tems en tems sur leurs siéges.

Lorsque la vapeur s'échappe avec une cer-

(1) Un cône parfait ne serait point susceptible de se soulever, quelle que fût la pression de la vapeur.

(2) L'oxidation est plus prompte quand les métaux en contact sont de différente espèce et de nature à imiter les effets galvaniques d'une paire de la pile voltaïque.

taine vitesse par une ouverture faite dans une plaque, on a remarqué qu'il se formait au-dessus de la soupape un vide qui contrariait son soulèvement entier. La vapeur est ainsi gênée dans son épanchement, et la chaudière se soulage avec difficulté.

Les figures 76 et 77, montrent des soupapes coniques sur lesquelles les poids reposent immédiatement. On voit qu'on peut en augmenter ou diminuer à volonté la quantité.

Dans la fig. 78, le poids de la soupape est enfermé sous clé.

La fig. 79, montre une soupape conique dont le poids est suspendu dans l'intérieur de la chaudière.

Dans la fig. 80, le poids agit sur un levier. Cette disposition a cela d'avantageux qu'il faut moins de poids pour obtenir la même pression, et qu'en outre la charge qui appuie la soupape de sûreté sur son siége, peut être variée par l'écartement du même poids sur la barre.

La fig. 81, représente une soupape à piston et à ressort, qui ne laisse échapper la vapeur qu'après un certain degré de soulèvement. Cette disposition est sujette à plusieurs causes de perturbation qui résident dans l'inégalité variable de tension de la part du ressort, et dans l'inconstance du frottement de la part du piston.

La fig. 82 représente une soupape à piston de Woolf. Comme dans la précédente, le piston éprouve une pression de plus en plus grande à mesure qu'il s'élève, mais à la place d'un ressort, c'est un levier dont le poids s'éloigne et tend à devenir horizontal à mesure que le piston monte.

Dans la fig. 83, on a dessiné une soupape sphérique en usage à bord des bateaux à vapeur.

Des plaques minces de sûreté.

Comme il est possible que les soupapes de sûreté ne fonctionnent pas convenablement ou qu'elles ne permettent pas à une assez grande quantité de vapeur de s'échapper, on avait proposé dans ces derniers tems, de pratiquer au chaudières une ou plusieurs ouvertures, et de les boucher avec des plaques minces de métal destinées à se briser, quand la pression de la vapeur devient trop grande. Mais comme il est très difficile de déterminer la résistance définie des plaques minces par rapport à leur étendue, leur épaisseur, leur nature et leur température, on a peu fait usage de ce moyen pour prévenir les explosions, et il paraît totalement abandonné aujourd'hui.

Manomètre de sûreté.

On a aussi imaginé de faire monter un flotteur dans un tube, et de faire en sorte qu'arrivé à un certain degré de hauteur, il puisse produire, au moyen de poulies, de leviers ou de chaînes, le décrochement du registre de la cheminée, et par suite, l'abstraction du tirage et l'extinction du feu; Mais outre que cette disposition n'a pas l'avantage d'éteindre immédiatement le feu, elle ne possède pas encore celui de s'opposer à ces productions brusques de vapeur, qui paraissent être la cause principale des explosions. Un des procédés les plus efficaces qui ait été employé s'obtient au moyen des alliages fusibles.

Des plaques fusibles.

Comme on a pensé depuis long-tems déjà, que la plupart des explosions pouvaient être le résultat de la saturation instantanée de la vapeur, primitivement désaturée. On a eu l'idée d'appliquer à des ouvertures pratiquées aux chaudières, des plaques métalliques fusibles, à telle ou telle température qu'on ne doit pas dépasser.

Voici comment on expliquait ces cas d'explosions.

Quand le feu n'est appliqué aux chaudières qu'à des parties en contact avec l'eau, la vapeur contenue sous le dôme ne saurait acquérir d'autre température que celle qui lui est communiquée par l'eau inférieure, et comme cette dernière est en excès, la vapeur est constamment saturée d'eau, et sa force élastique est toujours en relation avec sa température.

Mais si par suite d'un abaissement de niveau dans la chaudière, les parties d'abord recouvertes d'eau, et qui reçoivent le contact du feu, se découvrent, alors la vapeur ne reçoit pas seulement de la chaleur de l'eau inférieure, mais encore des parois surchauffées qui ont été abandonnées par l'eau.

En outre, la pression même qui s'exerce sur le niveau du liquide, surtout quand la machine est arrêtée, empêche ce dernier de se soulever en bulle, dans l'espace occupé par la vapeur, de la saturer ou de lui donner la quantité d'eau nécessaire, pour que sa densité devienne en relation de la température ; enfin il en résulte qu'elle s'échauffe, et que sa pression n'est plus en rapport avec le degré de chaleur qu'elle possède.

Maintenant, si par suite de la mise en marche de la machine, ou d'une consommation quelconque de vapeur, voire même celle qui pourrait être occasionée par le soulèvement de la soupape de sûreté, l'ébullition se produit, l'espace ou la vapeur se satureront de l'eau qu'il leur manque, et cette dernière prendra non seulement une tension relative à sa température, mais encore la chose se passera brusquement, et il pourra s'en suivre une explosion.

Si la saturation instantanée ne pouvait avoir lieu que par le soulèvement de l'eau inférieure au milieu de l'espace, cette eau étant d'une température moins élevée que celle de la vapeur désaturée, il est probable qu'il y aurait plutôt lieu à un effet de condensation, ou à une augmentation de pression très faible qui serait relative à la température du mélange.

Il en serait encore de même, si la vapeur ne pouvait se saturer que par la chute des particules d'eau sur le métal rouge, par suite de l'absence du liquide. Car on sait qu'un métal rouge de chaleur n'est pas dans les conditions les plus favorables pour produire de la vapeur.

Mais si, par exemple, l'eau en remontant à son niveau ordinaire, et avant d'avoir atteint la partie surchauffée de la surface de chauffe, se met en contact avec celle qui la précède, et qui a la température convenable pour donner lieu à une grande production de vapeur, cette vapeur très chaude, ira saturer l'espace et la vapeur contenue sous le dôme de la chaudière, et l'appareil recevra instantanément un surcroît d'effort qui peut donner lieu à sa rupture.

L'eau même en se soulevant ou en sautillant sur le métal rouge, doit finir par le ramener à la température du maximum de vaporisation, et toutes ces circonstances peuvent conspirer simultanément pour produire la saturation instantanée dont nous avons parlé plus haut.

Il parut donc de la plus haute importance d'appliquer aux chaudières des appareils qui pussent céder à chaque instant à une accumulation de chaleur et de vapeur, et les plaques fusibles furent imaginées.

Il est certain qu'au moyen d'un thermomètre et des manomètres, on peut à chaque instant s'assurer si la température et la pression sont en rapport. Mais on a voulu aussi que les appareils portent avec eux le remède, et soient entièrement indépendans des soins ou de la vigilance des machinistes.

Les plaques fusibles dont nous avons déjà eu l'occasion de parler, se composent d'un alliage de bismuth, de plomb et d'étain dans les proportions suivantes :

8 bismuth	8 plomb	3 étain	108° centig.	1 $\frac{1}{8}$ atmo.
8	8	4	113	
8	8	6	117	1 $\frac{2}{3}$
8	8	8	122	2
8	10	8	130	
8	12	8	132	3
8	16	14	143	3 $\frac{5}{4}$
8	16	8	148	
8	16	10	151	4 $\frac{1}{4}$

Il est facile, d'après ce tableau, d'obtenir des plaques fusibles à tel ou tel degré. Ainsi, je suppose qu'on ne veuille pas dépasser la température et la pression de 3 atmosphères, on emploiera un alliage fusible à 134 degrés.

Mais ces plaques fusibles n'ont pas seule-l'avantage de se détruire par suite d'un excès de vapeur saturée; elles se fondent encore quand la vapeur dépasse la limite de température qui est affectée à la pression qu'on ne veut pas dépasser, bien que cette pression n'existe pas dans la chaudière, en d'autres termes, elles se fondent quand la vapeur se désature.

On a reproché aux plaques fusibles d'être susceptibles de se ramollir un peu avant l'époque qui précède leur fusion complète, (voyez les expériences du comité de Franklin, dans le premier volume); mais on est parvenu à éviter en grande partie cet inconvénient, en les recouvrant d'un disque métallique perforé, fig. 80, A.

Un des grands inconvéniens attachés encore à l'emploi des plaques fusibles, surtout à bord des bateaux à vapeur, est de suspendre l'action de l'appareil mécanique, à partir de l'époque où la plaque est détruite. Mais on est parvenu aujourd'hui à éviter ce défaut en les installant au-dessus d'un tube de robinet, susceptible de se fermer immédiatement après la fusion de la plaque. On a eu aussi l'idée de suspendre à un fil métallique, dans l'intérieur des chaudières, une certaine masse de métal fusible. Le fil de métal traverse la chaudière ou est suspendu à une soupape de sûreté. Dans le premier cas, il va s'attacher à un registre dans la cheminée, qui forme contre-poids, et qui est susceptible de s'abaisser par suite de la fusion de la plaque. Le feu s'éteint ainsi, et si cet abaissement est combiné de manière à produire un certain bruit, soit au moyen d'une cloche ou d'un instrument à (1) anche, le machiniste est averti, et il doit prendre aussitôt les précautions convenables pour éviter les accidens terribles qui peuvent en être la suite.

Nous ne pensons pas que, dans le cas d'un danger semblable, il soit utile d'ouvrir la soupape de sûreté pour laisser épancher la vapeur dans l'atmosphère; parce qu'il en résulterait évidemment un soulèvement de niveau de l'eau dans la chaudière, et une ébullition considérable dont le résultat peut être de recouvrir instantanément les parties surchauffées de la surface de chauffe. Nous ne pen-

(1) On a imaginé aussi de boucher le bec de l'instrument à anche qui communique avec la chaudière, avec du métal fusible. Ce métal en se fondant permet à une petite quantité de vapeur de traverser l'instrument et de produire ainsi du bruit qui prévient les chauffeurs.

sons pas non plus qu'il convienne de mettre la machine en marche, si elle est arrêtée, ni de l'arrêter si elle est en fonction. Dans le premier cas, on retomberait dans les inconvéniens signalés plus haut relativement au soulèvement de la soupape de sûreté ; dans le second, on tendrait à produire un nouvel abaissement de niveau dans la chaudière, et à augmenter ainsi le désordre de cet appareil. Éteindre le feu immédiatement, et employer pour cela tous les moyens les plus brefs, est à mon avis, et nous en parlons par expérience, la précaution la plus efficace pour éviter un danger imminent. On doit aussi attendre, pour rétablir le niveau d'eau dans la chaudière, que les surfaces de chauffe soient réduites à une température dont on n'ait plus rien à craindre.

Il est encore un genre de destruction des appareils évaporatoires à basse pression auquel il est facile de pourvoir. Quand les chaudières, après la cessation du travail, sont devenues froides, la vapeur intérieure qui faisait équilibre avec la pression de l'atmosphère extérieure se condense, et le vide s'établit dans l'intérieur de cette capacité. Elles supportent donc de dehors en dedans une pression équivalente à une atmosphère, si le vide est complet; or, si les chaudières sont usées, quelques-unes de leurs parties n'ont plus l'épaisseur convenable pour résister à cette pression, et elles s'écrasent. Dans tous les cas même, les chaudières à haute pression n'étant éprouvées qu'à une pression triple de celle qu'elles doivent supporter, c'est-à-dire, aux $\frac{3}{5}$ d'une pression atmosphérique, elles ne sauraient résister à une pression plus grande que dans le cas où dans la construction de ces appareils on aurait encore prévu les accidens dont nous parlons (1). Le renversement du mercure des manomètres peut être aussi une conséquence du vide produit par la condensation de la vapeur dans l'intérieur des chaudières.

On évite ces accidens, en armant les chaudières d'une soupape de sûreté, dite atmosphérique, disposée convenablement pour s'enfoncer quand la pression de l'air extérieur agit sur elle.

Les précautions dont nous avons parlé plus

(1) Les chaudières ne sont pas construites ordinairement pour résister à cette pression, qui agit dans un sens inverse. Il peut arriver que les tirans glissent dans leurs points d'appui ou se courbent.

haut, et qui sont relatives à l'extinction du feu par l'abaissement du registre de la cheminée, peuvent aussi donner lieu à un accident grave qui résulterait de l'accumulation du gaz hydrogène carburé dans l'intérieur des galeries des fourneaux; car quand le feu est mort, la houille se distille, et le produit de cette distillation est du gaz hydrogène carburé non brûlé, parce que l'âtre étant bouché, il n'est pas en contact avec une quantité suffisante d'oxigène ou d'air atmosphérique. Or, si par suite de l'ouverture des portes du cendrier, ou du fourneau, l'air extérieur s'introduit dans les galeries, le gaz se trouvera aussitôt dans les conditions nécessaires pour brûler et même détoner avec explosion.

On évite ces accidens, en ne fermant jamais hermétiquement le registre de la cheminée ni les portes du fourneau et du cendrier.

CHAPITRE XIV.

DE PLUSIEURS SYSTÈMES DE MACHINES.

Dans le Manuel du Chauffeur de bâtiment à vapeur, nous avons déjà exposé plusieurs systèmes de machines rotatives. Nous avons aussi prévenu que l'effet dynamique d'une certaine quantité de vapeur pour produire un mouvement de rotation, était le même que dans les machines à mouvement rectiligne, que le peu de succès qu'ont obtenu jusqu'à présent ces machines, étaient, en particulier, dus à la difficulté de construction, aux frottemens considérables qu'elles exigent, à leur peu de durée, enfin, à la défectuosité des systèmes mécaniques employés jusqu'à ce jour. Comme beaucoup de mécaniciens cherchent à construire de pareilles machines, nous allons encore exposer plusieurs systèmes particuliers qui pourront, ou leur donner des idées utiles, ou prévenir des dépenses ruineuses.

La fig. 84 représente une des premières machines à vapeur qui ait été construite sur un pareil système; elle est de Watt. *a*, est l'arbre mobile et tournant, et *c c*, la boîte annulaire ou cylindrique dans laquelle se meut la palette *d*. Cette boîte est bouchée par deux fonds que traverse l'axe tournant *a*. Cet axe est muni d'une palette *d*, calibrée de manière à pouvoir circuler dans la boîte, et munie sur sa tranche d'une garniture à étoupe ou métallique à ressort. L'usure des deux tranches latérales peut être prévue de la même manière ou même par des fonds doubles qui seraient susceptibles de se rapprocher à mesure que l'usure diminuerait la largeur de la palette. *e* est une cloison mobile à charnière en *e*, également munie d'une garniture à frottement dans la partie qui frotte contre l'arbre. *f*, est le tube de vapeur, et *g*, celui du condenseur.

Il est bien facile de se rendre raison du jeu de l'appareil. En arrivant par *f*, la vapeur pousse l'une et l'autre palette; celle *d*, obéit à la poussée et entraîne l'axe auquel elle est fixée, en suivant la direction de la flèche, tandis que l'autre *e* s'appuye sur l'axe et forme ainsi cloison entre la condensation qui s'opère en *c* et le tube de vapeur.

Quand la palette *d* vient s'appuyer sur la cloison *e*, et alors le robinet introducteur est fermé, cette dernière se soulève et vient se loger dans le creux *h c*, ménagé à la boîte. Cette dernière fonction ne peut s'opérer que par la force vive de l'appareil mécanique ou par l'action d'un volant extérieur.

La fig. 85 représente un autre procédé. La boîte *b*, *b*, est coupée à peu près à moitié. La roue A B est munie de huit palettes à charnières capables de se loger chacune dans un creux ménagé sur le contour du tambour intérieur. *c* est le tube de vapeur et *d*, celui qui communique au condenseur. En B il y a un plan incliné qui a pour fonction d'obliger les palettes à s'effacer à mesure qu'elles se présentent pour s'introduire dans l'anneau. Ces mêmes palettes se baissent après avoir dépassé ce plan incliné et se présentent à la poussée de la vapeur. Le jeu de cette machine est facile à concevoir et il est à remarquer que l'action continue des palettes, rend inutile l'emploi du volant. Elle doit, néanmoins, donner lieu à un frottement considérable.

Dans la fig. 86, *i i* sont deux robinets qui servent à la fois d'introducteur et d'expulseur pour la vapeur, et de cloison intérieure. En outre, la palette *b* trouve à se loger en partie dans leur épaisseur, l'autre partie se loge dans la roue *a*. La vapeur s'introduit par *n*, pousse la palette *b* dans le sens de la flèche. En même tems l'autre côté participe au vide du condenseur par *o*. Aussitôt que la palette *b*, a dépassé le robinet supérieur, un quart de révolution de la part de ce robinet, produit l'introduction de la vapeur par *q* et l'expulsion par *p*. La même chose a lieu pour le robinet inférieur.

Dans la fig. 87, les palettes sont munies de ressorts et se logent à coulisse dans le noyau à mesure qu'elles passent sur le plan incliné *f*; arrivées dans l'espace *d*, elles se présentent au contact de la vapeur qui entre par *p*, et s'échappe ou passe au condenseur par *q*. De cette manière, il y a toujours une des six palettes en fonction.

Machine rotative sans chaudière, fig. 88, 89, 90.

Ce système se compose d'un cylindre extérieur et fixe B, B, et d'un cylindre tournant ou tambour intérieur, *d*. L'intervalle compris entre les deux cylindres est d'un quart de pouces. *c*, est l'axe du cylindre intérieur. Ce cylindre est muni sur ses bords d'une collerette à rainure circulaire, destinée à produire un frottement contre le rebord extérieur du cylindre fixe, de telle façon que la vapeur ne puisse s'échapper au dehors. La rainure est pour cela munie de matière convenable, de tresses en chanvre, par exemple, enduites de corps gras. Au cylindre extérieur fixe, on a ménagé une cloison solide en *e*, dont la tranche est destinée au frottement contre le tambour du cylindre intérieur. Pour cet objet elle est pourvue de substances ou de matières capables de fournir un frottement convenable.

Le fourneau est en H, et la flamme circule autour du cylindre fixe extérieur, en s'arrondissant, et passe ensuite à la cheminée en K.

F est le tube qui conduit dans l'intervalle des deux cylindres, le liquide qui doit être vaporisé, et le tube *g* communique au condenseur. La cloison correspondante au point *e*, et qui est adaptée, comme nous l'avons dit, au cylindre fixe extérieur, sépare les deux tubes en question.

Quand le liquide est introduit par le tube F, il se vaporise et, étant attiré par l'action du condenseur, il frotte contre le tambour plein, et lui procure un mouvement de révolution. L'auteur applique aussi cette idée à un appareil en hélice de la forme représentée (fig. 90). L'eau est introduite par en bas, elle se vaporise et, en se dirigeant au condenseur par *g*, entraîne dans son mouvement ascensionnel les hélices. Celles-ci fournissent un mouvement circulaire à un axe qui traverse le cône sur lequel elles sont adaptées. Toutes ces hélices frottent contre la paroi d'un cône extérieur qui sert d'enveloppe.

La fig. 91 représente une machine à vapeur rotative d'une construction qui renferme quelques particularités remarquables.

A est un cylindre annulaire ; on en a détaché une partie pour laisser voir le piston et les cloisons d'appui. B, B, sont les conduits de vapeur qui partent du tube commun D. E est l'arbre tournant solidement attaché au piston F. GG sont les boîtes où se meuvent les cloisons. Ces cloisons sont munies de contrepoids qui ne sont pas indiqués dans la planche ; elles sont d'ailleurs maintenues à poste par la pression de la vapeur. Quand le piston, en fournissant sa course, tend à les soulever au moyen du plan incliné dont ils sont munis sur leur face postérieure, et que ce même piston les a dépassé, elles retournent d'elles-mêmes à leur poste. Dans ce mouvement elles buttent contre la tringle I, laquelle est liée à la coulisse perforée K, et cette même coulisse opère le changement de direction dans la vapeur. H H sont les supports des leviers I I, qui agissent de concert pour opérer le mouvement de la coulisse ou valve d'introduction K. On doit observer que pour que le rayon du piston puisse fonctionner, une ouverture circulaire est pratiquée tout autour de l'anneau. Mais cette ouverture circulaire est bouchée intérieurement par une demi-bague en cuivre qui s'applique contre la rainure circulaire par la pression même de la vapeur; cette demi-bague est attachée au piston ou à son rayon et se meut circulairement avec lui. Quand le piston a dépassé une des cloisons, la vapeur s'introduit dès qu'elle est rendue à son poste; le piston continue sa course, et il en est de même pour l'autre cloison, quand le plan incliné du piston se présente pour le passer en dehors.

L'auteur pense qu'on peut appliquer la condensation à ce système, au moyen d'une boîte inférieure qui s'ajusterait à frottement contre l'arbre E de la machine; il pense aussi qu'elle peut être installée pour agir à reculons et qu'il suffirait pour cela d'adapter au piston deux plans inclinés, un en avant, l'autre en arrière. Quant à la bague demi-circulaire, il suffirait qu'elle passât à frottement dans le piston ou dans le rayon, et qu'elle fût munie à ses extrémités d'un buttoir qui lui permettrait d'être entraînée dans le mouvement du piston.

Nous pensons aussi qu'il serait avantageux d'employer quatre cloisons au lieu de deux : la bague serait réduite en proportion. On éviterait ainsi des fuites et les points morts.

Machine rotative à mercure.

De toutes les machines rotatives à mercure, celle-ci nous paraît la plus simple.

Fig. 92, les quatre vases A son liées ensemble au moyen de tubes disposés comme la planche l'indique. Chacun de ces vases est muni d'ouvertures qui permettent de visiter les clapets tels que A, adaptés à une des extrémités des tubes. Ces ouvertures se bouchent au moyen de plaques à boulons.

Les rayons sont des tubes creux qui aboutissent à un anneau ou étui commun, qui tourne autour d'un essieu également creux. Cet essieu contient le conduit de vapeur. L'anneau ou l'étui sur lequel sont assujettis les rayons creux, est perforé en quatre endroits, et ces quatre trous correspondent à autant d'ouvertures de l'essieu. Mais il n'y a que l'ouverture d'en bas qui communique avec la chaudière à vapeur, par un tube intérieur à l'essieu, les autres sont en communication directe avec l'air extérieur, et même avec un condenseur, et cela par l'essieu même.

En supposant que cet appareil avec son anneau tourne autour de l'essieu, chacune des ouvertures correspondant à un rayon creux, communiquera avec la chaudière, et ce sera le cas de celui d'en bas, tandis que les trois autres communiqueront avec l'atmosphère ou le condenseur. Cela posé, voyons ce qui se passera dans le cas présenté par la figure.

Le tube D communique avec la chaudière, la vapeur arrive dans le vase inférieur, ne pouvant s'échapper par le tube B, attendu que son clapet est fermé, (un très petit ressort favorise cette fermeture), elle appuie sur le mercure que contient ce vase, et l'oblige à passer dans le vase A' par le tube ouvert *c*. L'équilibre se détruit davantage à mesure que le mercure s'écoule dans le vase A', et le système tourne. Ce vase remplace le premier, tandis que A ayant pris la position de A''', la vapeur contenue s'échappe par le rayon et les ouvertures correspondant de l'anneau et de l'essieu dans l'atmosphère. Le systême est donc sollicité à tourner incessamment par le transport successif de la masse de mercure dans chacun des vases A' A'' A'''.

Il est bien entendu que cet appareil ne saurait être fabriqué en cuivre, ni en un métal susceptible de s'amalgamer avec le mercure.

Un effet semblable a été obtenu par le transport du mercure dans une jante circulaire et creuse, munie de clapets qui ne s'ouvraient que dans un sens, et même avec des masses métalliques solides qui poussaient les clapets à mesure qu'ils se déplaçaient. Les clapets dans ce dernier cas, se logeaient dans l'épaisseur des parois de la jante.

DES VOITURES LOCOMOTIVES.

Nous avons déjà exposé le système des chaudières employées dans les voitures locomotives, nous allons maintenant décrire quelques-unes de ces voitures employées sur les chemins de fer, et sur les routes ordinaires.

Voiture de chemin de fer de M. Stephenson.

On peut dire que les premières voitures qui aient réussi en Angleterre, sont celles de M. Stephenson. Nous avons déjà donné une explication des chaudières; leur disposition sur le brancard de la voiture, ainsi que celle du mécanisme, sont représentées par la fig. 93. Les cylindres A ont 11 à 12 pouces anglais de diamètre intérieur, et les tiges de pistons sont pointées sur un appendice ou bouton placé sur un des rayons des roues du devant et qui fait manivelle. La course du piston est de 16 pouces anglais ou 40 centimètres; la tête de la tige du piston est dirigée par des guides en C, et on voit aussi les tringles des soupapes d'introduction. La vapeur expulsée des cylindres passe par le tube F, à la naissance de la cheminée, où elle produit une accélération de tirage. La vitesse du piston est variable comme la charge à vaincre et le pouvoir vaporisant de la chaudière.

Le tender ou le wagon qui porte l'eau alimentaire, est remorqué par la voiture à vapeur : c'est une espèce de magasin à plate-forme elliptique, qui fait suite avec celle D où se tient le machiniste. L'eau est dirigée à la chaudière par une manche en cuir, munie intérieurement de viroles de cuivre qui s'opposent à son aplatissement.

La fig. 94 représente la voiture de Stéphenson perfectionnée, les cylindres moteurs sont horizontaux et placés au-dessous de la cheminée. Les tiges des pistons sont pointées immédiatement sur l'essieu des roues de derrière, qui porte deux manivelles coudées à angles droits. Les manches M correspondent à des tringles articulées qui servent à faire mouvoir les tiroirs des cylindres. Et ces derniers étant situés immédiatement au-dessous de la cheminée, la vapeur expulsée est conduite directement à sa base.

M. Stephenson a encore apporté d'importantes modifications dans son chariot à vapeur, fig. 95. Elles consistent à placer la grande roue à manivelles au-dessous du milieu du chariot, et cette disposition a l'avantage d'augmenter la force de friction, et ensuite de supprimer à cette roue les rebords intérieurs qui servaient à maintenir la voiture sur les rails. La grande roue dès lors est plate par sa circonférence et sans collerettes sur ses bords.

Pour obliger cependant le chariot à suivre sans s'en écarter la direction des rails, l'auteur ajoute à son système deux autres paires de petites roues munies de collerettes, mais qui sont susceptibles de s'incliner un peu pour obéir à une petite inclinaison de la part du chemin de fer. Une des paires de ces petites roues est située sous le fourneau et l'autre sous la cheminée, elles sont toutes comme on le voit, appuyées sur des ressorts, de sorte qu'elles sont aussi à même d'obéir aux petites inflexions de la route.

M. Stephenson prétend, par cette disposition, éviter une des grandes causes de destruction de puissance motrice, qui résultait autrefois du frottement latéral des collerettes de la grande roue contre les côtés des rails. Mais il est visible que telle n'était pas l'idée principale de l'auteur en construisant un pareil système, il avait en vue d'y appliquer un moyen de retarder la marche de l'appareil ou d'enrayer les roues, et cela par l'adjonction d'un procédé particulier très ingénieux.

Le brancart de la voiture a été brisé pour laisser apercevoir le procédé d'enrayage de de M. Stephenson. *h*, est un petit cylindre muni d'un piston, dont la partie basse peut communiquer avec la chaudière au moyen du tube *i*. La tige de ce piston est assujettie par articulation au levier *g*, et un point de ce levier sert d'appui à une tringle *f* qui agit sur les deux masses frottantes *d*,*d*; il est clair maintenant, qu'en faisant passer de la vapeur sous le piston (et un simple mouvement de robinet suffit pour cet objet) en plus ou moins grande quantité, le piston s'élèvera, agira sur les tringles et sur les masses qui s'appuieront sur la jante des roues. Ces masses, en frottant ainsi, retarderont la marche de la voiture, et il sera facile ainsi d'en modérer à volonté la vitesse.

La fig. 96 représente une voiture locomotive qui a été employée sur le chemin de fer de Dublin et Kingstown. Le brancart sur lequel est disposée la machine et sa chaudière, est en fer battu; il a 15 pieds anglais de longueur sur 7 de largeur, il est supporté par quatre ressorts cachés dans le brancart même, sur quatre roues qui tournent avec leur essieu. La chaudière B est placée sur ce brancart, elle est en tôle et d'une forme cylindrique. Le fourneau C est placé à une de ses extrémités, et la chaleur passe au travers d'une quantité de petits tubes noyés dans l'eau jusqu'à la cheminée qui est à l'autre bout de la chaudière. Ces petits tubes sont au nombre de 90, et ils ont un pouce et demi de diamètre. L'extrémité de la cheminée se termine par une espèce de pomme percée en crible D, qui a pour objet d'arrêter les particules enflammées de charbon, qui peuvent être entraînées par le tirage, au travers des tubes calorifères de la chaudière. La vapeur, après avoir produit son effet, est expulsée à la naissance de la cheminée.

Auprès du fourneau où est placé le machiniste, il y a trois robinets jauges qui servent à s'assurer du niveau de l'eau de la chaudière ainsi que les leviers à main F, qui servent à faire marcher la machine en avant ou en arrière, selon le besoin. Sur la chaudière il y a deux soupapes de sûreté, l'une d'elles, G, est à la disposition du machiniste, et il peut régler avec elle la force de la vapeur. Quant à la seconde, elle est réglée pour que le maximum d'élasticité ne puisse être dépassé, et elle est hors de toute atteinte. La vapeur prise à la partie supérieure de la chaudière, est conduite au moyen d'un tube, aux boîtes à tiroir K, qui dans cette machine ont une forme particulière. Ces boîtes sont contiguës aux cylindres L, et ces derniers sont solidement fixés sur les brancards, de chaque côté de la chaudière. Les tiroirs envoient la vapeur alternativement en dessus et en dessous des pistons, et cette dernière, après avoir produit leur mouvement, se dirige par le tube R à la naissance de la cheminée.

La tige du piston M passe comme à l'ordinaire au travers d'une boîte à étoupe adaptée au milieu des couvercles des cylindres, et de chaque côté du brancard on a établi une équerre en fer N, qui reçoit le mouvement du piston par des bièles pendantes et le transmet au moyeu des roues de derrière au moyen de O. Il est évident que la distance du centre de la roue au tourillon du moyeu, doit être égale à la moitié de la course des pistons. On a trouvé encore sur l'équerre un point d'appui P qui sert au mouvement de la pompe alimentaire Q. Cette eau se prend du *tender* qui est remorqué par la voiture à vapeur, au moyen d'une manche en cuir qui établit une communication entre le magasin d'eau et la pompe foulante. Les deux points d'appui des moyeux, ceux qui donnent aux deux roues le mouvement de rotation sont, l'un à l'égard de l'autre, disposés comme dans toutes les machines conjuguées, à angle droit.

Sur le tube I qui conduit la vapeur de la chaudière aux boîtes à tiroirs, est adapté un robinet régulateur à main, qui est à la disposition du machiniste, pour augmenter, diminuer ou arrêter le mouvement de la machine selon le besoin.

La capacité de la chaudière est divisée en trois compartimens distincts et inégaux. La partie intermédiaire comprend la chaudière proprement dite et les tubes calorifères; une autre, à l'extrémité, donne naissance à la cheminée; enfin, dans le troisième, sont disposés le fourneau et la grille. Les petits tubes de chaleur sont fabriqués en cuivre ou en laiton, ils sont entièrement plongés dans l'eau que contient la chaudière, et telle est leur durée que, cette voiture locomotive, après avoir fourni environ 30000 miles, aucun d'eux ne présentait la moindre trace de dégradation. Le seul inconvénient qui serait la conséquence d'une fissure qui se déclarerait dans un de ces tubes, serait d'éteindre le feu, et d'occasioner l'arrêt de la voiture.

La voiture locomotive dessinée dans les figures 97, 98, 99 et 100, contient des dispositions toutes particulières que nous avons cru devoir décrire avec quelques détails.

Elles consistent dans un arrangement particulier des cylindres à vapeur, dans la manière d'appliquer leur puissance aux roues, et dans une façon particulière de ces dernières.

La fig. 97 est un plan en élévation, vu de côté, de la machine et de la voiture; la fig. 98 est un plan de la même voiture vue à vol d'oiseau ; la fig. 99 est une section longitudinale, et la fig. 100, une section horizontale. Les mêmes lettres, dans les quatre dessins, représentent les mêmes parties. *a* est la chaudière contenant une quantité de petits tubes de chaleur verticaux *b*, plongés entièrement dans l'eau de la chaudière. L'extrémité inférieure de ces petits tubes s'ouvre dans le fourneau alimenté de charbon par l'ouverture *d* qui est munie d'une porte. Tous les côtés du fourneau sont séparés de la caisse extérieure par un espace rempli d'eau; *f* représente la grille; *g* est une capacité à peu près conique dont l'ouverture fait face à la partie supérieure du fourneau, tandis que le dôme s'élève à une petite distance du niveau de l'eau : elle a pour but d'exposer une plus grande étendue de surface à l'action du feu, d'enmagasiner la chaleur, et de diminuer la masse d'eau de la chaudière, et par conséquent, le poids de l'appareil.

La chambre *h* reçoit la vapeur engendrée

par la chaudière ; cette chambre est enveloppée par l'air échauffé qui a passé au travers des petits tubes de chaleur, lequel passe entre la partie supérieure de la chaudière et l'enveloppe extérieure qui fait suite avec la cheminée. Le tube *i*, conduit la vapeur de la chaudière aux boîtes à tiroir *j*, d'où elle est transmise en tems convenable par les valves *k*, dans les trois cylindres ouverts *l*; la vapeur s'échappe des cylindres après chaque course des pistons *m*, par un tube *n*, qui la décharge, comme à l'ordinaire, dans la cheminée. Les cylindres sont fermés à leur extrémité supérieure, mais ils sont ouverts à la pression atmosphérique par l'autre extrémité, de telle sorte que la vapeur ne produit de l'effet que dans un seul sens de la course des pistons. Chaque tige de piston *o*, est liée à ces pièces par une charnière, tandis que ces mêmes pistons sont maintenus dans leurs fonctions rectilignes par les guides *q* qui sont fixés à leur surface inférieure. Les trois tiges des pistons agissent sur trois manivelles coudées d'un axe *r*, et cet axe est muni de deux roues dentées S et *t* d'un diamètre différent; les deux manivelles *u*, fixées aux roues dentées, et la manivelle intermédiaire V de l'axe, sont disposées respectivement, de manière à former entr'elles des angles de 120 degrés, de telle sorte que le mouvement circulaire communiqué à l'axe *r*, est uniforme. Ces deux roues dentées entraînent dans leur mouvement deux autres roues également dentées et encore d'un diamètre différent, qui tournent librement sur l'arbre *y*; un manchon à mâchoires *z*, tourne avec l'arbre *y*, d'une manière fixe, mais il peut avancer à droite ou à gauche et engrener avec l'une ou l'autre roue *x* ou *w* sur des mâchoires pareilles, quand, au moyen d'un levier à fourchette on le pousse d'un côté ou de l'autre.

Quand il est nécessaire de donner au chariot la plus grande velocité possible, par exemple, sur un chemin de fer de niveau, le manchon Z est poussé du côté de W, et alors la roue S qui est plus grande que *t*, imprime à l'axe *y*, c'est-à-dire aux roues de la voiture, la plus grande somme de vitesse, si au contraire, ayant besoin de franchir une pente ascendante, il est nécessaire d'augmenter la puissance aux dépens de la vitesse, on poussera le manchon du côté de *x*, et la roue *t*, étant plus petite que *s*, la puissance sera augmentée et la vitesse diminuée.

Dans la planche, la petite roue dentée *t*, a un diamètre égal seulement à la moitié de celui de la grande roue *x*, d'où il résulte que le chariot sera poussé avec une force double, et que sa vitesse sera réduite à moitié, mais ces dimensions sont arbitraires et peuvent être variées selon les circonstances ou les obstacles qu'il peut avoir à vaincre. De telle façon à pouvoir obtenir la plus grande ou la plus petite vitesse possible.

En descendant un plan incliné, on peut aussi désengrener l'une et l'autre roue, comme dans la fig. 100; alors le chariot descendra par sa seule gravité; la machine et les roues restant en repos. On peut aussi, dans ce dernier état du manchon, faire mouvoir la machine sans entraîner le chariot.

L'auteur prétend que par la situation verticale de ses trois cylindres et par leur nombre, les roues de la voiture présenteront plus d'adhésion sur les rails, en s'y appuyant davantage, et que la machine recevra moins de chocs.

Les roues de la voiture sont aussi d'une construction particulière. A, fig. 101, est le moyeu en fonte de fer ou autre métal; B, le cercle extérieur, en fer martelé, C, C des disques en tôle qui unissent le moyeu avec le cercle extérieur.

L'ajustement des parties qui composent ces roues se fait au tour; l'auteur indique même l'emploi de la chaleur comme moyen d'obtenir une liaison intime; le cercle extérieur serait chauffé avant d'être mis en place, et en se refroidissant, il produirait un resserrement de l'assemblage. Mais dans ce dernier cas les disques seraient encastrés sur les limbes extérieures et sur les moyeux.

Dans les cas représentés par le dessin de la planche, les disques sont ajustés sur les cercles et les moyeux, au moyen d'écrous ou boulons tels que F. Quand les roues sont d'une grande dimension, les disques se composent de plusieurs feuilles de tôle rivées ensemble.

CHAPITRE XV.

DE QUELQUES SYSTÈMES PARTICULIERS DE MACHINES.

Machine à air échauffé.

Quoique cette machine n'ait pas produit de bon résultats, nous croyons devoir en donner une description. La principale cause de non réussite réside dans la lenteur de l'action de la part de l'air échauffé, qui ne change pas assez promptement de volume.

Fig. 102, 103, 104, les lettres de chacune des trois figures se rapportent aux mêmes parties de l'appareil. La fig. 102 est une vue de face, la 103me de côté, et la 104me est une section (sur une échelle un peu plus grande) du vaisseau différentiel (1) et de celui qui lui transmet la chaleur ou le froid. Cette section fait voir comment ces deux températures se communiquent au vaisseau différentiel. Le vaisseau, *a*, *a*, a la forme cylindrique et est

(1) En traduisant nous avons cru devoir conserver les termes dont les auteurs se servent pour qualifier les fonctions attribuées à chaque vase qu'ils emploient.

terminé par des fonds convexes à ses extrémités. Le tout est disposé de manière à ce qu'une des parties de l'appareil est exposée au froid tandis que l'autre l'est à la chaleur. Le vaisseau différentiel est muni en *f*, d'une boîte à étoupe, et à sa partie supérieure d'un tube tel que *l*, *m*, destiné à conduire l'air échauffé au cylindre moteur, lequel contient un piston.

Le vaisseau de transmission, *b*, *b*, est cylindrique et imperméable à l'air; il en contient, et par son jeu alternatif de bas en haut et réciproquement, il est destiné à déplacer l'air contenu dans le vaisseau différentiel. Ce vaisseau *b*, *b*, est d'une capacité moindre, afin qu'il n'y ait point de frottement entre les parois. A une des extrémités du vaisseau de transmission, *b*, est fixée une tige en fer, *e*, laquelle passe au travers de la boîte à étoupe, *f*; cette tige a pour objet de donner au vaisseau de transmission, *b*, un mouvement alternatif de haut en bas et réciproquement, afin de déplacer l'air chaud ou froid dans l'intérieur de la capacité, *a*, et de l'obliger ainsi à prendre ces deux températures. La tige, *g*, fig. 104, qui est fixée à la partie supérieure du vase différentiel, sert de guide au vase de transmission, *b*, lequel est aussi muni, pour concourir au même but, d'un tube bouché dans lequel fonctionne la tige, *g*; le vaisseau *b*, reçoit le mouvement de la tige *e*, laquelle le reçoit de l'excentrique *o*, lié au balancier *s*, *s*, fig. 102.

La manière dont le piston moteur communique le mouvement à l'arbre *p*, est la même que celle qu'on emploie en général pour les machines à vapeur. Le tube *l*, *m*, établit une communication entre le dessus du vaisseau différentiel (fig. 102), et le dessus du cylindre, tandis que le tube *l*, *m*, établit une communication semblable entre la même partie d'un second vaisseau différentiel et la partie basse du cylindre moteur.

Il sera assez facile, maintenant, de se faire une idée de la manière dont l'appareil fonctionne, quand on saura que la partie basse du vaisseau *a*, plonge dans un bassin d'eau froide, alimenté par la machine même, et que la partie haute est enveloppée d'une chemise destinée à recevoir de l'air ou un gaz chaud. Cet air ou ce gaz s'introduisent par les orifices, *d*, *d*, contigus à des tubes de conduit, et on a prévu aux pertes de chaleur par suite du rayonnement, au moyen d'une seconde enveloppe, *k*, en cuivre poli.

Dans la position de la figure 104, l'air du vaisseau différentiel occupe la partie chaude de cette capacité; il se dilate et passant par le tube *l*, *m*, il va agir sur le piston de la machine pour le mettre en mouvement.

La conséquence de ce premier mouvement étant de faire remonter le vaisseau, *b*, l'air chaud va se déplacer et occuper la partie basse et froide du vaisseau différentiel; il se contractera parce que cette partie basse est en contact avec le bain d'eau froide, et le piston du cylindre resterait en repos après ce premier effet, s'il n'était sollicité à un mouvement contraire par suite d'une action semblable à celle que nous venons de décrire de la part de la seconde partie de l'appareil.

Cette machine fut employée dans une carrière de pierres; mais on ne tarda pas à la remplacer par une machine à vapeur; les changemens de dilatation de l'air n'étaient pas assez rapides, et la consommation de charbon était excessive.

L'air ne se dilate, d'après les expériences de M. Gay-Lussac, que de 0,375 pour 100 degrés centésimaux; ainsi pour obtenir un effet équivalent à celui des machines à vapeur qui fonctionnent sous la moindre pression, il faudrait agir, au moins, sous une température triple ou de 300 degrés centigrades. Or à ce degré élevé de température, les métaux commencent à supporter une altération sensible : l'étain, le bismuth et le plomb se fondent, et la perte de chaleur par suite du rayonnement devient considérable; on sait aussi que la transmission du calorique est en raison inverse des équilibres de température, c'est-à-dire, qu'il est nécessaire d'établir autant que possible une grande différence entre la température du corps chauffant et du corps chauffé pour obtenir le plus d'effet utile de la part du combustible. Or, on arrivera d'autant plus tôt au cas d'équilibre, qu'on agira, ainsi que dans l'appareil précité, à de hautes températures.

On a aussi essayé d'employer l'air comprimé pour agir à de grandes distances du lieu où on le comprime. Mais ces machines ont été généralement abandonnées après n'avoir fourni que de minces résultats. Nous n'avons pas cru devoir en donner une description détaillée, et il nous suffira de dire qu'elles agissaient la plupart comme les presses hydrauliques, c'est-à-dire, on comprimait avec une petite pompe à air, ce fluide sous un grand cylindre muni d'un piston, et on obtenait ainsi un effet multiple relatif aux différences des surfaces des pistons mis en action. La perméabilité des garnitures des pistons, de la fonte de fer dont étaient fabriqués les cylindres, étaient encore des circonstances favorables bien propres à provoquer l'abandon de pareils systèmes.

Construire un railway pneumatique, c'est-à-dire, un long tube aussi étendu que la route à parcourir, dans l'intérieur duquel circulerait un piston, attiré par le vide exercé à une de ses extrémités, au moyen d'une pompe à air mue par la vapeur. Attacher à la remorque de ce piston, dans la partie intérieure de ce tunnel soumise à la pression atmosphérique, une capacité roulante destinée à contenir des voyageurs ou des marchandises, paraîtrait en France une chimère, un projet absurde dont personne n'oserait s'avouer coupable; eh bien! en Angleterre, on ne craint pas de qualifier comme heureuse une pareille idée, on a même déjà proposé des perfectionnemens et des plans raisonnés, et une société cherche à s'établir pour la mettre à exécution. Elle se nomme *Association nationale de Railway pneumatique.*

L'idée de faire voyager le public dans un pareil cylindre ou tunnel, ayant cependant paru par trop singulière, la modification suivante a été apportée à ce projet.

Le tunnel, extérieurement, sera muni de deux règles de fer, fondues du même jet et attenantes aux cylindres qui doivent le composer. Ces bandes de fer ou règles situées horizontalement sur les deux flancs extérieurs du tunnel, serviront de rails et seront destinés à recevoir les roues des voitures, qui dès lors chemineront au-dessus et non pas dans l'intérieur du grand tube en question, et là, ce même tube ou tunnel étant à moitié environ enfoncé dans le sol, les rails ou bandes de fer en seront à fleur.

Il ne s'agissait plus que de pousser les voitures, un nouveau rêve est venu aider l'inventeur : il ne s'agit de rien moins que d'ouvrir dans toute la longueur du tube et à sa partie supérieure et convexe une rainure; laquelle rainure serait couverte par une bande élastique et compressible qui s'y adapterait aussi exactement qu'il est nécessaire pour que l'air ne puisse s'introduire dans l'intérieur du tunnel.

Cette bande, d'ailleurs est flexible et passée sur des rouleaux adaptés à la voiture remorqueur; elle découvre la rainure au-dessous de cette même voiture à mesure qu'elle chemine, et la recouvre en avant et en arrière de la place qu'elle occupe sur le tunnel.

Par cette disposition, la pression de l'atmosphère agira derrière le piston moteur pour son mouvement progressif, et ce piston placé en avant de la partie débouchée de la rainure, sera muni d'une queue soutenue dans l'intérieur du tunnel par des roues, de telle façon qu'il ne puisse dévier de son axe longitudinal.

Au milieu de la queue est attachée une protubérance de métal qui passe dans la rainure et qui servira à entraîner la voiture de remorque.

En avant et en arrière de cette voiture, qui porte quatre roues ordinaires destinées à s'appuyer sur les rails, il en est encore d'autres dont les fonctions sont de presser sur la rainure, la bande qui doit la boucher hermétiquement.

L'appareil sera d'ailleurs muni de baromètres pour mesurer le degré du vide opéré à une des extrémités du tunnel ou à des points de station intermédiaires de la route, par des machines à vapeur fixes qui agiront sur des pompes à air mises en communication avec le tunnel et le piston ; sa queue, ses roues seront tellement fabriqués ou articulés qu'ils pourront dans leur course obéir aux différentes sinuosités ou inflexions de la route.

Les dimensions du tunnel sont données : le diamètre intérieur, égal à celui du piston, sera pour les routes très passagères, comme celle de Manchester à Liverpool par exemple, de 36 pouces. L'épaisseur des cylindres en fer coulé qui composeront le tunnel, sera de trois quarts de pouces. Ces cylindres seront élargis à leurs extrémités de manière à bien s'emboiter sans laisser d'aspérités à l'intérieur, il y aura deux tunnels ou deux voies. Là, où les transits seront encore plus considérables, le diamètre intérieur du tunnel sera de 40 pouces; l'épaisseur du métal sera proportionnée à ce diamètre. Quand on voudra faire concourir ce moyen de progresser avec les railway déjà établis, ces tunnels seront placés au milieu des voies, et comme dès lors ils ne supporteront plus la charge des voitures, on réduira leur diamètre à 28 pouces et leur épaisseur à un demi-pouce; appliqué à la navigation des canaux, 22 pouces de diamètre suffiront.

Machine rotative.

Les fig. 125 et 126 sont des vues longitudinales et transversales d'une machine rotative. Le cylindre ou tambour *a*, *a*, est fixé sur un socle; ses côtés sont bouchés par les plateaux *b*, *b*, et l'axe ou l'arbre *c*, traverse le centre du cylindre. *d* est une vanne fixée solidement à l'arbre; *e* en est une autre, mais qui a un peu de jeu sur ce même arbre, elle l'entraîne et en est aussi entraînée dans son mouvement par le moyen d'un taquet en fer adapté à l'arbre, et qui laisse un peu de chemin perdu.

Un second cylindre ou tambour *f*, *f*, est placé excentriquement dans le cylindre stationnaire; il est muni de garnitures convenablement disposées pour ne pas permettre à la vapeur de passer au travers des joints. Ce cylindre est fait pour tourner sur les bords et encastremens *g*, *g*, et *b*, *b*.

Les vannes qui s'étendent depuis l'arbre jusqu'aux bords du cylindre fixe passent aussi à frottement dans des ouvertures situées à la périphérie du tambour mobile, *f*. Ils sont munis de garnitures pour le frottement.

La chambre ou l'espace du cylindre fixe dans laquelle la vapeur est admise pour fonctionner, a la figure d'un croissant formé par le cylindre excentrique et la paroi du cylindre fixe.

La vapeur à haute ou basse pression s'introduit par *h*, et occupe la partie du croissant comprise entre l'orifice *h* et la vanne *d*. Cette vanne obéit à la pression en suivant la direction de la flèche, jusqu'à ce qu'elle soit arrivée à la position de la vanne *e*; passé cette position, la vapeur se précipite par *i*, au condenseur ou dans l'atmosphère. L'autre vanne pendant ce tems-là remplace la première et agit semblablement.

Le robinet qui introduit la vapeur dans la machine ou qui sert à son expulsion, est un robinet à quatre fins.

L'auteur se propose d'appliquer son système comme pompe rotative pour élever l'eau. Il le suppose aussi très applicable comme moyen de mesurer la dépense d'un gaz, et cela en estimant le nombre de révolutions développé par l'arbre.

Machine à esprit-de-vin.

L'alcool ayant la propriété d'entrer en ébullition à une température bien inférieure à celle de l'eau bouillante, beaucoup de personnes ont supposé que sa vapeur pourrait être avantageusement substituée à celle de l'eau pour obtenir une force motrice. M. Haward, en 1825, prit une patente pour une machine fondée sur ce principe, mais qui, nous le pensons, n'a encore été appliquée à aucun travail. Voici son appareil.

Fig. 105 A et B sont deux cylindres d'égale capacité, en communication par leur base au moyen d'un conduit C. Ces cylindres contiennent de l'huile, du mercure ou tout autre liquide qui ne soit pas capable de se convertir en vapeur à la température à laquelle l'appareil sera exposé. La base du cylindre B, contient de ce liquide, tandis que l'autre A en est plein à peu de chose près. Le cylindre B, muni d'un piston, n'est point bouché afin que la pression de l'atmosphère puisse agir sur le piston dans son mouvement descendant; il comporte une garniture ordinaire en chanvre. Dans l'autre cylindre A, un flotteur en métal mince D, flotte incessamment sur le niveau de l'huile ou des autres liquides précités. Ce second cylindre est bouché de manière à être impénétrable à l'air extérieur; et du centre de son couvercle, part un tube E qui passe au travers d'une boîte à étoupe. L'extrémité de ce tube, qui fait face au flotteur, est percée d'une infinité de petits trous; sur le couvercle du cylindre, est une soupape G qui s'ouvre par le moyen d'une tige H qui le surmonte, cette soupape est maintenue sur son siége au moyen d'un ressort, et sa tige traverse une boîte à étoupes I; une soupape de sûreté K est adaptée au couvercle du cylindre.

Le piston est percé d'une ouverture bouchée au moyen d'un tampon avec lequel on peut régler la hauteur du liquide inférieur (le piston doit en être en partie couvert par dessus), et un robinet placé en N, sert à retirer des cylindres le liquide qu'on emploie. Les cylindres et le fluide qu'ils contiennent, doivent être échauffés par un nombre suffisant de lampes d'Argand disposées en dessous d'eux. Le cylindre A et la partie inférieure du cylindre B, sont entourés, au moyen d'une enveloppe extérieure, par de l'air échauffé. Sur la partie supérieure de l'enveloppe, est adaptée une cheminée P munie d'un registre Q, destiné à régler la chaleur intérieure de l'enveloppe. Par le moyen d'une petite pompe foulante R qui est mue par la machine, une certaine quantité d'alcool est retirée du condenseur, et refoulée au travers du tube E sur le disque flotteur D, qui, étant préalablement échauffé par son contact avec l'huile ou tout autre liquide sur lequel il flotte, convertit l'alcool en vapeur. Cette vapeur agissant par pression sur le disque, et par conséquent sur l'huile, force ce liquide à passer au travers du conduit horizontal *c*, et à soulever jusqu'au sommet de sa course, le piston.

A cette époque, la soupape du cylindre A étant ouverte, la vapeur s'échappe par le tube S, et arrive dans un vaisseau séparé où elle est condensée. Alors le piston descend par l'effet de la pression de l'atmosphère, et le disque remonte dans le cylindre A jusqu'à son couvercle.

Le tube S, divisé par son milieu par un joint *a*, fait avec du bois, du liége, ou avec toute autre substance non conductrice du calorique, est inséré dans un autre tube annulaire V,V, d'où descendent plusieurs petits tubes verticaux en cuivre, tels que U,U,U. Les extrémités inférieures de ces petits tubes correspondent à une autre capacité W, qui forme un réservoir de vapeur condensée. Le liquide produit par la condensation de la vapeur, est retiré par le tube à robinet *d*.

La partie supérieure et extérieure du condenseur est surmontée d'un bassin circulaire X, qui est alimenté d'eau froide au moyen d'une pompe ordinaire. Tous les petits tubes tels que U,U, sont enveloppés de flanelle ou de toute autre matière poreuse par sa nature. Leur extrémité supérieure étant contiguë au bassin d'eau X, ils agissent comme un siphon, et conduisent l'eau sur la surface des tubes U, en tombant dans le vaisseau inférieur Y.

Dans le cylindre formé par la réunion de tous ces petits tubes, on a disposé une espèce de ventilateur qui est mû avec rapidité par le moyen de la machine; un courant d'air s'établit sur la surface humide de la flanelle qui enveloppe les petits tubes, et la chaleur est ainsi rapidement enlevée du condenseur.

Avant de mettre la machine en train, il est indispensable d'enlever l'air du cylindre à vapeur et du condenseur, ce qui s'opère au moyen d'une pompe aspirante, ou d'une seringue adaptée au tube *c*, lequel est muni d'un robinet et est fixé au couvercle du condenseur. Le liquide qui doit être converti en vapeur pour le travail de la machine, est introduit dans le réservoir du fond du condenseur au travers d'un tube *e*, fermé au moyen d'un chapeau vissé *f*.

La fig. 106, indique une manière d'obtenir la condensation par l'effet d'une injection. Le tube S conduit la vapeur du cylindre à vapeur dans le condenseur *g*, fabriqué en cuivre mince, assez fort cependant pour résister à la pression de l'atmosphère, et qui contient la portion d'alcool qui doit, comme ci-devant, retourner par le tube *e*, ou par l'entonnoir à robinet *o*, au-dessus de *g*. Une pompe aspirante *h*, est mise en action par la machine, en même tems que la soupape G, (fig. 105) s'ouvre, et cette pompe aspirant l'alcool de la partie basse du condenseur *g*, l'injecte dans la partie supérieure du même vase, après avoir, toutefois, traversé le tube en forme d'hélice *i*, lequel à son extrémité K est percé d'une infinité de petits trous. Le liquide est ainsi dispersé dans le vase *g*, la vapeur se condense et se précipite au fond avec lui. Une partie du liquide est de nouveau renvoyée au cylindre à vapeur par la pompe R, pour être encore convertie en vapeur de la manière dont nous l'avons indiqué plus haut, tandis que l'autre portion de l'alcool est employée à condenser cette même vapeur. Le condenseur *g* et les tubes qui lui sont adaptés sont plongés dans une citerne maintenue constamment pleine d'eau froide. La machine dont nous venons de donner la description, agit contre la pression de l'atmosphère; mais cette dernière produit son effet utile dans le retour du piston.

La fig. 107 indique un moyen de produire un double effet. *a,a*, sont les vaisseaux à vapeur; *b* est le cylindre moteur dont le piston est horizontal; quant à la disposition des lampes des tubes d'injection, elle est la même que dans l'appareil précédent. La vapeur est alternativement reproduite dans les deux capacités *a,a*. L'oscillation du liquide, l'action doublée du piston dans le bain d'huile, ou des autres fluides employés; celle pareillement doublée, des disques flotteurs *d,d*, au-dessus du même liquide; la petite quantité d'alcool à évaporer ou à injecter, tout se passe comme nous l'avons décrit plus haut.

L'inventeur prétend que l'éther et les huiles essentielles peuvent être substituées à l'alcool ; cependant il préfère ce dernier liquide comme étant susceptible d'être plus rapidement et plus complètement condensé. Nous avons vu, par occasion, une machine à alcool de 24 chevaux dans la fonderie de Rotherhithe, où l'inventeur continue avec persévérance à expérimenter sur une grande échelle.

Les figures 120, 121, 122, représentent un nouveau système des machines oscillantes, pour lequel M. Jelowicki s'est fait bréveter. Il consiste en un cylindre mobile, disposé pour osciller de haut en bas sur la tige même du piston qui est creuse. Cette tige sert elle-même de tube d'introduction et d'expulsion pour la vapeur. La force motrice est transmise directement à la manivelle de l'arbre de la machine, sans le secours de bièles ni de traverses.

La fig. 120 est une vue de la machine, dont on a supprimé un des bâtis pour en montrer la construction. La fig. 121 est une section transversale, *aa* sont les bâtis sur lesquels est établie la manivelle *b*, l'arbre et le volant. *c* est le cylindre à vapeur, réuni à la manivelle par la pièce *e*, qui est solidement liée au couvercle supérieur du cylindre. *g* est la tige creuse du piston, dont la partie inférieure porte un embranchement *h* muni de presse-étoupes, tandis que son autre extrémité est fixée avec solidité au piston *i* par des ajustemens coniques et à écrous. La fig. 122 montre sur une échelle plus grande, une section du piston et de sa tige. La tige du piston, comme on voit, est divisée longitudinalement en deux parties qui forment deux canaux; l'un d'eux est destiné au passage de la vapeur au cylindre, et l'autre pour son expulsion dans l'atmosphère ou au condenseur, après qu'elle a produit son effet dans le cylindre. Les soupapes d'introduction et d'expulsion sont contenues dans le piston lui-même, et sont vues dans la section détachée, fig. 122, en A et B. L'une A, sert pour l'admission de la vapeur dans le cylindre, d'un côté ou de l'autre du piston. Elle consiste en un tube creux ouvert latéralement et à ses deux extrémités, et muni intérieurement d'une cloison K. Les ouvertures latérales sont désignées par les lettres *l* et *m*. Ces ouvertures sont placées alternativement en dessus et en dessous du piston, selon que la vapeur a besoin de s'épancher dans l'une ou l'autre de ces parties du cylindre. La valve d'expulsion B est formée de deux tampons solides *o* et *p*, réunis par une tige *q* et ajustés de manière à bien s'appliquer contre les ouvertures correspondantes du piston. L'extrémité inférieure et creuse de la tige du piston, a la forme d'un T renversé, et ces deux embranchemens sont contigus aux deux tubes dont l'un, *s*, part de la chaudière, et l'autre communique avec le condenseur ou avec l'atmosphère. La manière dont la machine fonctionne est facile maintenant à comprendre. La vapeur étant admise par le tube *s*, dans la tige creuse du piston, et passant dans le canal *u*, comme l'indiquent les flèches, entre dans le cylindre par les ouvertures *n* et *m*, et exerçant sa puissance entre la partie supérieure du piston et le couvercle du cylindre *f*, ce dernier se meut le long de sa tige, et transmet sa force au moyen de la bièle *c*, à la manivelle *d*. La tige du piston creux dans sa partie inférieure façonnée en T, oscille en même tems d'une petite quantité, et les boîtes à étoupes dont elle est munie à l'origine de ses deux embranchemens, empêchent la vapeur de s'échapper par les joints.

Quand le cylindre est arrivé à la fin de sa course, les valves A et B se présentent au contact de la partie inférieure du couvercle *v* du cylindre et elles changent simultanément de position ; le passage *m* de la valve A étant passé du côté opposé du piston, l'ouverture *l*, se présente à l'embouchure *n* du piston, et la vapeur passe de l'autre côté ; ce dernier rétrograde. En même tems le tuyau expulseur *o*, se fermera et l'autre s'ouvrira, la vapeur pourra donc s'échapper par la tige creuse du piston. Le mouvement alternatif pourra donc se produire ainsi, et le volant servira à dépasser les points morts comme dans toutes les autres machines.

La patente de l'auteur de cette invention spécifie aussi une modification de cette idée, qui consisterait à employer deux tiges de piston creuses au lieu d'une seule divisée en deux parties.

Nous ignorons si l'auteur compte pouvoir appliquer cette idée à des machines de grandes dimensions, mais nous craignons qu'une masse oscillante aussi considérable qu'un grand cylindre, tende incessamment à articuler la tige à la hauteur du piston et à produire de grandes pertes de vapeur ou des efforts considérables sur la boîte à étoupe du couvercle inférieur du cylindre. Sans doute, l'auteur a pourvu à la difficulté de ne pouvoir visiter les soupapes d'introduction et d'expulsion sans un démontage considérable.

La fig. 123 représente une machine à doubles pistons que nous ne croyons pas avantageuse, et pour laquelle, cependant, les auteurs se sont fait bréveter.

Cette invention consiste à faire mouvoir deux pistons dans un seul cylindre, et il résulte de cette disposition que le nombre de coups de pistons est double; que la vitesse et la force sont également doublés (d'après les auteurs).

Dans cette machine, que les auteurs jugent applicable à la navigation, *a* est un des cylindres; *b*, *b*, les pistons; *c*, la tige de piston creuse munie d'une boîte à étoupe à son extrémité; elle donne passage à la tige du piston inférieur *d*, qui se meut dans son milieu. *e* est un orifice pour admettre la vapeur sur la partie supérieure du piston *b*. *f* est un autre orifice pour admettre la vapeur au-dessous du piston inférieur; enfin *g* est un troisième orifice, situé au milieu du cylindre, et qui est destiné à faire passer la vapeur entre les deux pistons. *h* est la bâche qui contient la pompe à air du condenseur. *i*, *i*, *i*, *i*, sont des bièles pendantes qui communiquent le mouvement à l'arbre convenablement coudé qui est situé dans la caisse inférieure ; la fig. M indique la disposition du tube d'admission de la vapeur ; *l*, *l*, sont des bièles qui communiquent la puissance aux manivelles de l'arbre des roues à aubes. La vapeur étant admise aux orifices *e* et *f*, oblige les pistons à se rapprocher l'un contre l'autre. Cela fait, la vapeur est admise par l'orifice du milieu, et les pistons se séparent de nouveau, tel est le mouvement alternatif de cet appareil.

Roues à la Morgan.

Plusieurs systèmes de roues à aubes ont été imaginés pour éviter l'inconvénient et la perte de force qui résultent de l'action oblique des aubes quand elles entrent dans l'eau ou qu'elles en sortent. Quoique nous ne pensions pas que ce défaut soit le seul qu'on puisse leur reprocher, cependant nous allons exposer le principe sur lequel est basé le système des roues dites à la Morgan, qui sont celles qui paraissent avoir aujourd'hui le plus de vogue. La fig. 124 représente une roue à laquelle on n'avait adapté que quatre aubes seulement, afin de pouvoir mieux faire comprendre leur jeu; *b b* sont les quatre rayons de la roue; *e e*, sont des tringles, qui tout en fortifiant la roue, servent de charnières aux pelles. La roue et les rayons sont doubles, bien que l'arbre ne se prolonge pas jusqu'à aller s'appuyer à la traverse extérieure. *d*, *d*, sont des leviers coudés qui font corps avec les aubes. *g* est un point fixe qui sert de tourillon à un anneau qui tourne tout autour. Sur cet anneau sont disposées à charnière, les barres de fer *i*, *i*, qui vont s'articuler au bout des leviers coudés des aubes. Les lignes ponctuées indiquent la manière dont se comportent les aubes en entrant et en sortant de l'eau. La même disposition s'applique à un nombre d'aubes indéterminé.

Voyez la première partie de l'ouvrage pour les figures 31, 32, 33 et 38 bis.

NOMENCLATURE

TECHNOLOGIQUE

ET VALEUR DES TERMES QUI PEUVENT AVOIR QUELQUE RAPPORT AVEC LES MACHINES A VAPEUR.

ABSORPTION. — Du verbe latin *absorbeo*, imbiber. Quand un corps solide se combine avec un liquide, et que le composé reste solide, ce dernier est dit avoir absorbé le liquide et s'appelle absorbant. Dans le langage vulgaire, on dit que le sucre absorbe l'eau; mais cette manière de s'exprimer n'est pas bien correcte, car selon la proportion d'eau, le sucre est dissout. L'éponge est un absorbant parfait; quelquefois les liquides absorbent les substances gazeuses; l'eau absorbe le gaz acide carbonique; le charbon et les autres solides poreux et d'une texture fibreuse ont la faculté d'absorber les gaz à un degré remarquable.

ACCÉLÉRATION. Augmentation de vitesse que les corps en mouvement éprouvent quand il sont sous l'influence d'une force motrice continue. Quand un corps en mouvement parcourt des espaces égaux, en tems égaux, ou en d'autres termes, quand la vitesse du corps en mouvement est la même à chaque période, le mouvement est dit uniforme. Le mouvement d'une aiguille de montre sur son cadran est uniforme; mais le mouvement de la terre sur son axe l'est encore davantage.

Dans le cas où un corps parcourt en tems égaux des espaces inégaux, ou plutôt quand sa vitesse est différente, si elle s'accroît, le mouvement est dit accéleré; il est retardé dans le cas contraire. Une pierre jetée en l'air donne un exemple de ces deux cas; sa vitesse est retardée par la force attractive de la terre pendant son élévation; elle est accélérée pendant sa chute par la même cause. Tous les corps ont une tendance à rester en repos ou en mouvement; si un corps est mis en mouvement et qu'on supprime la force motrice, il continue à se mouvoir avec la vitesse acquise, s'il n'y a pas de circonstances opposantes; et si le corps se meut par l'effet d'une force constante, comme la force de gravité, par exemple, le mouvement devient accéléré, la vitesse s'accroît comme le tems, et l'espace parcouru augmente comme le carré des tems.

ACIDES. — Composés chimiques qui ont généralement les propriétés suivantes. Saveur acide, âcre et corrosive ; ils changent les couleurs végétales bleues et pourpre en rouge-clair. Ils s'unissent avec l'eau en beaucoup de proportions différentes. A quelques exceptions près, il sont tous volatilisés par une chaleur modérée. Ils se combinent avec les alcalis et avec la plupart des terres ou oxides métalliques; ils forment avec ces derniers les substances qu'on a nommées sels.

La classe des acides est très nombreuse, mais les principaux sont : l'acide acétique, nitrique, sulfurique, et l'acide muriatique.

L'acide acétique s'obtient du vinaigre commun ; il agit sur le fer, le zinc, le cuivre et le nickel, ainsi que sur la plupart des oxides métalliques, quand il est concentré il agit aussi, mais faiblement, sur l'étain. Il dissout les résines, les gommes, le camphre et les huiles essentielles.

L'acide muriatique s'obtient en décomposant le muriate de soude, ou sel commun, par l'acide sulfurique et en condensant le gaz acide muriatique dans l'eau, pour laquelle il a une grande affinité. Mêlé avec l'acide nitrique, il compose l'eau régale qui dissout l'or et le platine. Il est aussi employé pour préparer le muriate d'étain des teinturiers, pour décaper les métaux, et pour beaucoup d'autres objets.

L'acide nitrique s'obtient de la décomposition du nitrate de potasse ou salpêtre par l'acide sulfurique concentré. Il sert à préparer le précipité rouge, il entre dans la composition de l'eau régale, et on l'emploie pour la teinture, la dorure, l'essayage des monnaies, l'épurement de l'or, etc.

L'acide sulfurique est obtenu de plusieurs manières différentes, et son emploi dans les arts est extrêmement multiplié.

ADHÉSION. — On entend par ce mot, l'union qui peut exister entre deux corps qui se touchent, par leurs surfaces mêmes, ou par l'intermédiaire d'une substance quelconque. Il ne faut pas confondre l'adhésion avec la cohésion, ce dernier terme s'appliquant particulièrement à la force qui maintient les particules intégrantes d'un même corps unies entr'elles.

Il y a deux espèces d'adhésion. L'une consiste en une sorte d'attraction mutuelle entre les surfaces des corps de même ou de différentes espèces, l'autre dans celle qui résulterait du contact obtenu par l'effet d'une force quelconque. Dans le premier cas, il paraît constant que l'adhésion est proportionnée à la quantité des points en contact, ou en d'autres termes au degré de poli des surfaces en contact. Cette force est extrêmement curieuse. M. Martin (*Philosophia Britannica*), prit deux balles de plomb, et après avoir gratté avec soin leur surface pour les polir, il forma ensuite deux plans d'un trentième de pouce carré en superficie, et les écrasa l'une contre l'autre. L'adhésion fut telle, qu'il fallut un poids de 150 livres pour les séparer. L'adhésion entre deux disques de laiton de 4 pouces $\frac{1}{4}$ de diamètre, superposés et enduits de graisse, fut si grande, que deux hommes robustes ne purent les séparer en agissant perpendiculairement à ces surfaces. L'auteur de cet ouvrage a eu dans ses mains, pendant plusieurs années, deux disques de laiton de deux pouces de diamètre, si bien dressés et polis, que sans l'interposition d'aucune matière, on ne pouvait les séparer qu'en les faisant glisser l'un sur l'autre.

Relativement à la seconde espèce d'adhésion, on a fait beaucoup d'expériences curieuses sur les clous, les écrous et les chevilles, dont voici un résumé (1).

La force de percussion nécessaire pour chasser le clou commun (*six penny nail*), à la profondeur d'un demi-pouce, dans du sapin de Norwège, avec une masse de fonte de fer, pesant 6,275 livres, résultait de quatre coups de cette même masse, tombant librement d'une hauteur de 12 pouces, et la pression graduée et nécessaire pour produire le même effet, fut de 400 livres. Un semblable clou, chassé dans du bois d'orme sec à la profondeur d'un pouce, et perpendiculairement au fil du bois, exigea une force de 327 livres pour en être extrait. Le même clou enfoncé dans le même bois dans le sens de son fil, en fut extrait avec une puissance de 257 livres. Enfoncé de deux pouces et de cette dernière manière, dans du sapin de Suède, il en fut retiré avec une force de 257 livres. Il

(1) M. Bevan, l'auteur de ces expériences, observe qu'elles ont été faites sur des madriers en bois d'une épaisseur invariable, et que comme l'introduction des clous dans le bois s'obtient par percussion, la résistance à l'introduction est plus grande que la résistance à l'extraction. Dans ses expériences, M. Bevan a trouvé que le rapport de ces résistances était comme les nombres 6 et 5.

n'en fallut que 87 pour un pouce seulement d'enfoncement. L'adhésion relative dans le même bois, quand il est percé transversalement ou longitudinalement, est comme les nombres 100 et 78 ou 4 et 3 pour l'orme, et 100 et 46 ou environ 2 et 1 pour le sapin.

Les profondeurs progressives des clous dans le sapin de Norwège, obtenues par simple pression, exigèrent pour

Un quart de pouce, une pression de	24 livres.
Demi-pouce.	76
Un pouce	235
Un pouce et demi	400
Deux pouces.	610

Dans d'autres espèces de bois, les forces relatives pour l'extraction des clous enfoncés à un pouce de profondeur furent

Pour le chêne sec. . . .	507 livres.
le hêtre sec	667
sycomore vert. . .	312

On peut conclure de ces expériences, qu'un clou de l'espèce de ceux qui ont servi à ces expériences, enfoncé de deux pouces dans du chêne sec, exige une force de plus d'un demi-tonneau pour en être extrait sans secousses.

La force nécessaire pour enlever une cheville de fer à tenon de la mortaise, quand elle a un demi-pouce de diamètre, a été aussi l'objet des recherches de M. Bevan. L'épaisseur de la planche était de 0,87 de pouce, et la distance comprise entre le centre du trou et les bords de la planche était de 1,05 pouces, la force requise fut de 976 livres. Comme la longueur du tenon de la cheville est en proportion de sa distance aux bords de la planche et de son épaisseur, nous pouvons pour cette espèce de bois, obtenir la force relative en multipliant ensemble mille fois la distance du tenon aux bords de la planche, par l'épaisseur du tenon, en pouces (1).

AIR ATMOSPHÉRIQUE. — Depuis la plus haute antiquité jusqu'à une époque comparativement très récente, l'air fut considéré comme un des quatre élémens, dont tout ce qui existe dans la nature devait être composé. C'était une substance invisible, impondérable et simple. Plusieurs anciens eurent

(1) Ces recherches nous ont paru utile à faire connaître, relativement à la fixation des machines sur le carlingues des navires ou tout autre appui de bois.

toutefois, quelques idées de sa gravité et de son élasticité; parmi eux on peut citer Aristote, qui dit qu'une vessie remplie d'air pèse davantage que dans le cas contraire. Héron, que nous avons déjà eu l'occasion de citer, dit que l'air contenu dans une capacité, peut être raréfié si on en extrait une partie. Ces idées d'ailleurs n'eurent aucune suite, et on expliquait la plupart des phénomènes atmosphériques par des hypothèses plus ou moins absurdes. Ce fut environ au milieu du seizième siècle, que la nature des propriétés de l'atmosphère fut constatée avec précision et par expérience. Cette découverte est due à *Galilée* et à son élève *Torricelli*. Galilée apprit que l'air était pesant; mais il ne paraît pas avoir appliqué cette idée à l'explication de ce phénomène pneumatique, qui était alors absurdement attribué à un principe imaginaire de la nature, qu'on nommait alors horreur du vide. Toutefois, Torricelli, suivant ce principe, démontra par une expérience incontestable, que l'élévation de l'eau dans les pompes, était due à la pression de l'atmosphère, et que la hauteur à laquelle la colonne liquide peut ainsi s'élever dans le vide, était exactement en rapport avec son poids, qui dans tous les cas, est égal à une colonne d'air de même base et qui aurait pour hauteur celle de l'atmosphère.

Ce grand principe fut étudié avec succès par les physiciens subséquens, de nombreuses et utiles conclusions, et d'importantes applications en furent le résultat.

L'air est fluide, gazeux, invisible, élastique et pondérable. Son volume dépend de sa température et de la pression à laquelle il est exposé. MM. Biot et Arago, par des expériences faites avec beaucoup de soins, ont trouvé que sous la pression barométrique de 0^{m},76 et à la température de 15°,5 centigrades. Sa pesanteur spécifique était de 0,00122, celle de l'eau étant 1, ou qu'il était 820 fois plus léger que l'eau.

Mariotte a constaté que le volume de l'air est inverse à la pression, une pression double le réduisant à moitié de son volume. Cette loi a été remise en question pour les hautes pressions, mais elle n'a pas encore été détruite d'une manière satisfaisante. On peut très bien l'admettre encore en pratique; elle est simple et d'une application facile.

L'air se dilate par une augmentation de température, la quantité de cette expansion n'est pas exactement la même pour un égal accroissement de chaleur, mais on admet généralement que pour chaque degré centigrade l'air augmente en volume de 0,00375. Il en est de même de tous les gaz.

L'expansion et la compression de l'air, sont accompagnées d'un décroissement et d'une augmentation de température. Il peut aussi tenir en solution une certaine portion d'eau dont la quantité dépend de la température.

La pompe à air est un instrument ou une machine destinée à exhausser ou raréfier l'air contenu dans une capacité fermée. On s'en sert pour étudier les propriétés de l'air, et pour expliquer les phénomènes variés qui sont liés à la science pneumatique. Cette machine fut inventée par Otto de Guérike de Magdebourg. Elle a reçu depuis des modifications très importantes.

On est parvenu à comprimer l'air, de manière à obtenir de sa réaction, des effets semblables à ceux de la poudre; tout le monde connaît les fusils à vent.

A cause de sa grande légèreté et de sa mobilité, l'air a aussi été employé comme moyen de transmission d'une puissance motrice d'un lieu à un autre. Papin, physicien français, fut un de ceux qui cherchèrent à utiliser ainsi ces propriétés de l'air dans plusieurs machines qui ne réussirent pas toujours, mais qui donnèrent lieu à son invention de la soupape de sûreté à romaine. Nous avons déjà parlé des machines à air échauffé. L'air chaud a été aussi appliqué au réchauffement des appartemens.

Des matelas, des coussins, fabriqués avec des étoffes enduites de gomme élastique (caoutchouc) ont été aussi enflés avec de l'air.

Presque toutes les pompes à incendie, comportent un réservoir d'air, dont l'élasticité rend les fonctions de ces appareils continues, bien que la force motrice soit alternative. Dans les usages ordinaires, ces réservoirs d'air sont indispensables, surtout pour l'élévation de l'eau à de grandes hauteurs. Dans ce dernier cas, ils sont adaptés à la partie la plus basse du tube d'ascension, et ils ont pour effet, dans les momens d'arrêt ou de changement de direction du moteur, d'empêcher la réaction de l'eau incompressible contre les parois des tuyaux. La réaction alors s'opère sur l'air du réservoir inférieur, qui se comprime sans choc, et les tuyaux sont préservés d'une rupture presque inévitable dans une disposition contraire.

ALCALIS. — Ce nom provient d'un mot arabe *Kali*, d'une plante qui en contient. Les alcalis possèdent les caractères suivans : ils sont âcres et caustiques au goût, ils décomposent les matières animales et se saponifient avec les huiles et les graisses. Ils se combinent avec les acides en proportions définies, neutralisent leurs propriétés en donnant naissance à des sels neutres. Ils précipitent beaucoup de métaux de leurs solutions acides, changent les couleurs bleues végétales en vert, et rétablissent les couleurs bleues végétales rougies par un acide ; ils se combinent avec l'eau en plusieurs proportions.

Les alcalis les plus répandus par leur usage, sont la potasse, la soude et l'ammoniaque ; les deux premiers se nomment alcalis fixes, le dernier volatil. Beaucoup de terres possèdent à un haut degré la vertu alcaline.

L'ammoniaque en sel entre dans la composition du mastic de fer, employé très fréquemment dans les machines à vapeur (*voyez le mot* Mastic.)

ALCOOL OU ESPRIT DE VIN. — Il provient du principe sucré formé par l'œuvre successive de la fermentation vineuse et de la distillation. Toutes les liqueurs fermentées peuvent en produire. Les caractères principaux de ce liquide, sont d'être incolore et transparent, très léger et mobile, les bulles qui se forment en agitant cette liqueur, disparaissent promptement. Sa saveur est piquante et agréable, et produit une sensation de chaleur particulière; il est si volatil, qu'il peut être converti en vapeur par la chaleur de la main. Exposé à l'air, il s'évapore même à une température de — 5°,56, et ne laisse aucun résidu, ou si ce n'est un peu d'eau quand il n'est pas très pur. Il boût à la température de 74°, et on suppose qu'il n'est pas susceptible de se congeler, quoique le docteur *Husson* assure qu'il y soit parvenu. L'alcool à l'air libre brûle et produit une flamme vive, il ne laisse aucun résidu quand il est pur; mais il produit par sa combustion, une vapeur qui n'est que de l'eau, et dont Lavoisier a évalué le poids à la septième partie de celui de l'alcool consommé. L'alcool, dans son mélange avec une certaine proportion d'eau, dégage de la chaleur, et la pénétration mutuelle des parties est telle, que le volume des deux liqueurs mélangées est plus petit que leurs volumes séparés. L'affinité de ces deux liquides est si grande, que l'eau est capable de séparer l'alcool de beaucoup de substances avec lesquelles elle peut être combinée, et l'alcool décompose beaucoup de solutions salines en précipitant les sels.

L'usage de l'alcool est applicable à beaucoup d'objets d'arts, de médecine, etc. On a essayé de l'utiliser pour en obtenir une force motrice, et nous avons donné l'explication de plusieurs systèmes de machines à alcool dans cet ouvrage.

Il est facile de prouver que l'emploi de la vapeur d'esprit de vin comme force motrice, n'est pas avantageux.

Il résulte, en effet, des expériences de Dalton, que tous les liquides émettent des vapeurs d'égales tensions à un degré de température également éloigné de leur point d'ébullition; ainsi par exemple, la vapeur d'eau à 100° et celle de l'esprit de vin à 78°, sont en équilibre de pression avec l'atmosphère. La pression de la vapeur d'eau relative à une température de $+ 15° = 0^m,0128$ sera égale à celle de l'alcool à $- 7° = 0^m,0128$. Dans une machine à vapeur à basse pression, il faudrait donc refroidir l'alcool destiné à la condensation à — 7° pour obtenir un effet équivalent dans le condenseur. En admettant que la température de l'alcool destiné à la condensation soit égale à celle de l'eau dans les circonstances ordinaires, c'est-à-dire, à + 15°, sa pression à ce degré de température sera de 0,045 quand celle de l'eau, en pareilles circonstances, ne sera que de 0,0128, c'est-à-dire, environ 4 fois moindre.

Nous admettons ici que le système de condensation soit celui de Hall dont nous avons donné la description, et par suite duquel le liquide vaporisé n'est point perdu. Toute autre méthode de condensation obtenue par le mélange de l'injection avec la vapeur ne serait point applicable en raison du prix élevé de la liqueur.

Toutes les compensations résultantes de ce qu'il faudrait moins de combustible pour obtenir la vaporisation de l'alcool, de ce que la température moins élevée à laquelle on agirait, serait plus favorable à la pénétration du calorique, sont illusoires, et ne sauraient s'équilibrer avec la pression contraire dont nous avons parlé plus haut, ainsi que les pertes considérables résultant des fuites d'un liquide aussi volatil et aussi cher que l'alcool.

ALLÉSOIRS (*boring machine*). — Nom donné à un outil qui sert à parfaire les parois intérieures des cylindres et à leur donner une figure régulière et géométrique. Comme dans la plupart des usines on se sert encore des allésoirs horizontaux, qui sont frappés de plusieurs graves inconvéniens dont nous avons parlé, nous ne croyons pas inutile de donner la description d'un nouvel allésoir vertical employé dans une grande fabrique d'Angleterre. Figure 106, sur une fondation plane *a*, sont boulonnés trois appuis solides, dont deux seulement, *b* et *c*, sont vus dans la figure, le troisième ayant été supprimé afin de laisser voir l'appareil d'allésage. Ces appuis supportent un plateau supérieur *d*, composé de 3 rayons. *e* est une espèce de pont ou chevalet horizontal qui a la faculté de se fixer à diverses hauteurs au moyen de boulons qui traversent des mortaises verticales pratiquées dans les appuis *b*, *c*,; les écrous de ces boulons se serrant en dehors du système quand il s'agit de fixer ce pont. *f* est la base sur laquelle est fixée la pièce qu'il est question d'allésér, elle est munie à cet effet, de mortaises ou coulisses qui rayonnent du centre à la circonférence. Cette base ou table est soutenue par des projections de métal *g g*, qui font corps avec les appuis *b*, *c*. *h* est l'étui tournant qui se meut dans le plateau *d*, dans le pont *e*, et dont le pivot inférieur est supporté par la chappe *i*. *k* est le porte-lame, qui se compose d'une roue massive que traverse l'étui *h*. Ce porte-lame peut glisser aisément sur l'étui, sans cependant avoir du jeu. Sur la périphérie du porte-lame *k* on a pratiqué huit échancrures dans lesquelles se fixent les lames au moyen de coins. *l* est une roue d'angle, et *m* un pignon au moyen duquel le mouvement circulaire est donné à l'étui et au porte-lame. Ce dernier est en outre destiné à glisser sur l'étui par les moyens suivans.

Sur le plateau *d*, on a établi un petit chevalet à trois branches *n*, sur lequel est fixée la roue d'angle *o*; la roue d'angle *p* tourne au-dessus de ce chevalet, et elle engrène avec la première qui est fixée. *p*, tourne dans un appui fixé en tête de l'étui, et porte sur son axe une vis sans fin, qui engrène avec une roue *q* à denture inclinée. Cette dernière roue *q* est fixée à l'extrémité d'une longue barre filetée *t r*, que l'on voit au travers de la mortaise longitudinale de l'étui. Cette barre filetée tourne dans des colliers *s* et *t*, et elle passe à vis dans un écrou de même forme, pratiqué à un appendice du porte-lame. Cet appendice est d'un calibre tel qu'il puisse glisser à frottement dans la mortaise de l'étui. La roue d'angle *p* a 10 pouces de diamètre et *o* 16. Ainsi en 10 révolutions de l'étui, la roue *p* fournira 16 révolutions sur son axe ; et à chaque révolution, la vis sans fin de son axe entraînera une dent de la roue *q*. Et comme cette dernière a 16 dents, en 10 révolutions de la part de l'étui, la vis *r*, à laquelle la roue à dents inclinée est attachée, fera un tour et fera marcher le porte-lame, d'une quantité égale au pas de l'écrou.

x est une pointe de métal à écrou, qui s'adapte au chevalet *n*. Elle sert à appuyer l'extrémité de l'étui, de manière à s'opposer au soulèvement de cette pièce.

ALLIAGE. — Combinaison de deux ou plusieurs métaux. Ce terme s'applique aussi à la détermination du métal de qualité inférieure qu'on ajoute à l'or et à l'argent, pour la fabrication des objets d'orfèvrerie, etc.

Quand les métaux sont combinés, soit par fusion, soit par cémentation, les alliages produits possèdent généralement des propriétés et des caractères très différens de ceux des composans respectifs. Quelquefois la densité est plus grande, d'autres fois elle est moindre; le point de fusion est dans beaucoup de cas plus bas que la moyenne. L'élasticité est quelquefois accrue, d'autres fois diminuée, et la malléabilité ou la ductilité de l'alliage correspond rarement avec celle des métaux composans.

Ces changemens remarquables peuvent conduire à cette conclusion, que les alliages sont des combinaisons chimiques et non pas des mélanges mécaniques. Cependant on objecte à cette supposition que les métaux peuvent être combinés en différentes proportions et séparés par l'opération de la liquéfaction, quand il y a une grande différence entre les points de fusion respectifs des métaux composant l'alliage. Ainsi, par exemple, l'argent et le plomb peuvent être séparés du cuivre par la chaleur, la fusion de ce dernier métal exigeant un degré de température bien plus élevé que les deux autres; d'un autre côté un alliage contenant un métal volatil comme le mercure ou le zinc, peut être décomposé par une forte chaleur qui volatiliserait ces deux métaux.

Dans beaucoup de cas, une très petite quantité d'un métal est capable d'affecter notablement les caractères d'un autre métal. Un quart de grain de plomb rendra une once d'or très cassant quoique aucun de ces métaux à l'état naturel ne soit cassant. Si on place sur le même feu deux creusets contenant l'un de l'arsenic, l'autre de l'or, les vapeurs du premier rendront le second très cassant. Ces modifications sont de la plus haute importance dans les arts, et beaucoup d'alliages acquièrent des qualités précieuses que n'ont pas les composans. L'or et l'argent, dans leur état naturel, sont trop mous pour la fabrication des différens objets auxquels on applique ces métaux. La pression considérable que supportent les coins de la monnaie altérerait bientôt les empreintes, s'ils n'étaient composés d'un alliage qui les rend extrêmement durs; le cuivre pur serait presqu'inapplicable aux arts s'il n'était allié avec quelque métal qui lui donne de la dureté ; le laiton, l'airain, le bronze, sont des alliages de cuivre avec un métal mou.

Deux métaux qui ne sauraient s'allier ensemble, y parviennent cependant par le concours d'un troisième: le mercure, par exemple, ne se combine pas directement avec le fer, mais si on ajoute d'abord à ce dernier métal du zinc ou de l'étain, on pourra produire un amalgame avec le mercure.

On entend par amalgame tout alliage dans lequel il entre du mercure.

Pour obtenir un mélange parfait dans la composition des alliages, une certaine agitation mécanique de la masse liquide est nécessaire pendant la fusion. Pour cela on doit agiter constamment l'alliage en fusion au moyen d'un stile infusible, ou transvaser la matière de creuset en creuset. *M. Hatchett* a trouvé que l'extrémité d'une barre d'or étalon était moins pesante que l'autre extrémité formée de la dernière partie du métal dans le creuset. La surface du métal doit aussi être garantie, pendant sa fusion, du contact de l'atmosphère, on emploie à cet effet des flux ou bains de cire, de poix ou de résine, si le point de fusion est bas; ou bien un lit de sel, de verre pilé, de borax, etc. s'il est élevé.

Nous allons exposer d'une manière abrégèe la nature et la composition des alliages les plus importans, ainsi que leurs usages respectifs.

Laiton. Cet alliage est composé de zinc et de cuivre en proportions variables selon les usages auxquels il est destiné. Généralement on ajoute 9 parties de zinc à 16 de cuivre quand ce dernier métal est en fusion ; le meilleur laiton n'est pas obtenu directement par la combinaison des deux métaux fluides, mais par le procédé de la cémentation (voyez ce mot), au moyen duquel les vapeurs du zinc se combinent plus intimement avec le cuivre.

Métal de la reine. 4 livres et demie d'étain, $\frac{1}{2}$ livre de bismuth, $\frac{1}{2}$ livre d'antimoine et $\frac{1}{2}$ livre de plomb ; ou bien 100 livres d'étain, 8 d'antimoine, une de bismuth et 4 livres de cuivre. Cet alliage est employé à la fabrication des théières et autres vaisseaux semblables ; il imite très bien l'argent.

Tombac rouge. 5 $\frac{1}{2}$ livres de cuivre et $\frac{1}{2}$ livre de zinc ; le cuivre doit être fondu avant qu'on y ajoute le zinc. Cet alliage possède une couleur rouge et est beaucoup plus durable que le cuivre.

Métal à canons. 112 livres de laiton, 14

livres de zinc et 7 livres d'étain, ou 9 livres de cuivre et 1 d'étain. Le plomb fut aussi employé à cet alliage pour faciliter la fusion, mais on a trouvé que plusieurs canons ainsi fabriqués s'étaient altérés par un fréquent usage.

Métal pour miroirs. 7 livres de cuivre, 3 de zinc et 4 d'étain.

Métal pour les clés d'instrumens à vent. 4 onces de plomb, 2 d'antimoine.

Types d'imprimerie. 10 livres de plomb, 2 onces d'antimoine: l'antimoine n'est ajouté que quand le plomb est en fusion. L'antimoine donne de la dureté au plomb, et prévient la contraction par le refroidissement. Quelques fabricans emploient d'autres proportions, d'autres y ajoutent du cuivre ou du laiton.

Métal des cloches. Six ou dix parties de cuivre et 2 de zinc. Quand les cloches sont petites on y ajoute un peu de zinc, quelquefois de l'argent.

Petits types. 9 livres de plomb, 2 d'antimoine et 1 de bismuth. Ces deux derniers métaux ne sont introduits dans l'alliage que quand le plomb est en fusion. Cet alliage se dilate en refroidissant, il remplit parfaitement le moule et donne ainsi des empreintes très régulières. Les presses stéréotypes sont ainsi fabriquées ; quelques personnes emploient l'étain au lieu du bismuth.

Étain commun. 7 livres d'étain, 1 de plomb, 6 onces de cuivre et 2 de zinc. La fusion du cuivre doit précéder l'addition des autres métaux.

Étain de première qualité. 100 parties d'étain et 17 d'antimoine.

Étain dur. 12 livres d'étain, 1 d'antimoine et 4 onces de cuivre.

Soudure commune. 2 livres de plomb, 1 d'étain.

Soudure molle. 2 livres d'étain, 1 de plomb.

Soudure pour acier. 19 parties en poids d'argent fin, 1 de cuivre et 2 de laiton.

Soudure d'argent des orfèvres. 19 parties en poids d'argent fin, 1 de cuivre et 10 de laiton.

Soudure d'or. 12 parties en poids d'or pur, 2 d'argent pur, et 4 de cuivre.

Bronze. 7 livres de cuivre, 3 de zinc et 2 d'étain. Le cuivre est fondu avant les autres métaux.

Alliage de platine et d'or. 15 parties d'or pur et une partie de platine, l'or fondu avant le platine : cet alliage est plus blanc que l'or; le platine a la singulière propriété de priver l'or de sa couleur particulière; si dix parties d'or sont mélangées à une de platine, l'alliage prend la couleur du platine. Une autre particularité remarquable de cet alliage, est qu'il est soluble dans l'acide nitrique, tandis que les deux métaux séparés ne le sont pas.

Imitation d'argent. Une livre de cuivre et 3/4 d'once d'étain. Cette composition a une couleur plus prononcée que l'argent, mais sous d'autres rapports, elle l'imite parfaitement.

Alliage d'acier et de platine. Quoique le platine soit le plus infusible de tous les métaux connus, quand il est en contact avec de l'acier fondu, qui exige une température bien moindre, il se combine avec lui en plusieurs proportions. Cet alliage exposé pendant plusieurs mois à une atmosphère humide, ne se ternit ni ne se rouille. Il est malléable et est applicable avec avantage aux instrumens exposés à l'humidité, aux miroirs des dentistes, par exemple; les meilleures proportions ne sont pas bien connues, mais il paraît que si on emploie beaucoup de platine, l'alliage acquiert une apparence damassée ou ondulée. L'acier pour les instrumens tranchans, est beaucoup amélioré par l'addition seulement de $\frac{1}{500}$ de platine.

Alliage d'acier et d'argent. Acier 500 parties, argent 1. Si on emploie une grande proportion d'argent, le composé a l'apparence d'un mélange mécanique. On voit distinctement les filets d'argent mêlés avec l'acier, et l'alliage s'influence des effets galvaniques. Quand la proportion n'excède pas $\frac{1}{500}$, le composé a toute l'apparence d'une combinaison chimique : l'acier devient plus dur, il se forge très bien, et est infiniment supérieur au meilleur acier fondu pour la fabrication des instrumens tranchans.

Alliage d'acier et de rhodium. Si un ou deux pour cent de rhodium se combinent avec l'acier, l'alliage acquiert une grande dureté et conserve cependant la tenacité suffisante pour ne pas se gercer à l'étirage et à la forge. Cet alliage, pour être trempé, requiert environ 41 degrés de chaleur de plus que le meilleur acier fondu anglais. Il lui est supérieur; mais la rareté du rhodium restreint l'usage de ce précieux alliage.

Alliage fusible. Quatre onces de bismuth, 2 et 1/2 de plomb et 1 et 1/2 d'étain. Le plomb fondu le premier. Cet alliage fond à la température de l'eau bouillante, quoique le point de fusion de tous ses composans soit beaucoup plus élevé, le plomb entre en fusion à 322° c^e, le bismuth à 246° et l'étain à 222°.

AMALGAME. — Toutes les fois que le mercure entre dans la composition d'un alliage, on lui donne ce nom.

Le mercure a la propriété de s'amalgamer très facilement et même à froid avec le cuivre, l'or, l'argent, le laiton, le plomb etc., et de rendre ces métaux très cassans. Dans la construction des machines à vapeur, on doit donc s'abstenir de mettre ces métaux en contact, et on doit craindre, quand les chaudières sont en cuivre, de voir tomber le mercure des manomètres dans leurs capacités intérieures. Cet accident pourrait résulter du vide qui s'opérerait dans la chaudière par le refroidissement et par une circonstance qui aurait paralysé les fonctions de la soupape de sûreté atmosphérique.

AMMONIAQUE. — Ce puissant alcali à l'état de sel, entre dans la composition d'un mastic qui est fréquemment en usage pour remplir des vides, boucher des fissures du fer et de la fonte de fer (*Voyez Mastic.*)

ANTIMOINE. — Métal brillant, blanc, d'une texture lamellée et striée. Il est très cassant, et ne peut être obtenu en feuilles ni étiré. Sa pesanteur spécifique est 6,712. Il entre en fusion à 431°cent. et cristallise en pyramide par le refroidissement. A une chaleur intense il se volatilise. On trouve ce métal particulièrement dans le nord de l'Europe. Il y en a de plusieurs espèces dans le commerce; le sulfure vert d'antimoine est le plus abondant. Pour l'obtenir pur, on réduit le sulfure en poudre, et on l'expose à la chaleur d'un fourneau à reverbère : le soufre s'évapore et le métal purifié entre en fusion. (Voyez son usage à l'article *Alliage*), on l'emploie aussi en médecine.

ARSÉNIC. — Métal cassant, blanc tirant sur le bleu, très peu brillant. Il est très fusible et employé fréquemment pour aider la fusion des autres métaux. Il se volatilise à la température de 180° cent. en produisant une fumée blanche qui constitue l'acide arsénieux, ou l'arsénic blanc. L'oxide d'arsénic est un poison des plus violens. Le procédé du grillage du cuivre et du fer est malsain, à cause de l'arsénic qui se dégage en vapeurs pendant cette opération. Ces vapeurs ont une odeur d'ail particulière. L'arsénic est un métal facilement combustible, et dans plusieurs cas il brûle avec une grande intensité. Si une petite quantité d'arsénic est mêlée dans un mortier avec du chlorate de potasse, il en résulte une violente explosion. Dans le chlore gazeux il s'enflamme spontanément. Il est employé en teinture, dans les alliages, pour hâter la fusion des métaux les plus réfractaires, dans les fabriques de plomb.

ASBESTE. (*Amianthe*). — Minéral fibreux qu'on trouve abondamment dans l'île de Corse, en France, en Savoie, en Suède et en Écosse. Autrefois cette substance a servi à fabriquer des étoffes dans lesquelles on brûlait les cadavres des personnes dont on tenait à conserver les cendres. Comme incombustible, cette substance n'était point altérée par l'action du feu, et il devenait ainsi facile de recueillir les produits de l'incinération.

On en a fabriqué aussi des tissus dont le blanchîment s'obtient par le feu, des mèches de lampes, encore employées avec avantage dans certains cas. L'art de tisser l'amianthe paraît s'être perdu dans le moyen-âge. Le chevalier *Aldini* a, toutefois, réussi à rendre les fibres de l'asbeste assez plians pour obéir au tissage, et cela au moyen de la vapeur. Ces tissus furent proposés pour servir d'habillemens de garantie dans les cas d'incendie.

Mais on a trouvé dans ces derniers tems à l'asbeste une utilité plus positive, en l'employant à garnir les joints des tubes calorifères des chaudières à vapeur à haute pression.

ATTRACTION. — Tendance des corps à s'approcher les uns des autres. Ce mot est aussi quelquefois employé pour exprimer la cause inconnue de cette tendance. Il prend diverses significations selon les circonstances dans lesquelles il est employé. Par exemple, on distingue l'attraction de gravitation, électrique, magnétique, de cohésion, et l'attraction chimique.

L'attraction de gravitation, est cette force qui gouverne tout notre système planétaire, et retient les corps à la surface de la terre. Son action est perceptible aux parties même les plus éloignées de notre système solaire, et se manifeste encore parmi les étoiles fixes et les nébuleuses. Nous parlerons plus tard, s'il y a lieu, des lois qui régissent cette force de gravitation; pour le moment nous allons indiquer une expérience d'où il résulterait que les petites masses détachées et répandues sur la surface de la terre n'y sont pas non plus étrangères. Elle est due à Maskelyne, et elle fut faite sur une des hautes montagnes de l'Écosse; il suspendit à un télescope un long fil à plomb, transporté successivement au nord et au sud de la montagne, et il trouva de chaque côté, que le fil déviait vers elle en s'écartant de la verticale.

L'attraction électrique est celle qui affecte deux corps dont l'un est électrisé positivement et l'autre négativement; ou dont l'un est positif ou négatif, tandis que l'autre est dans son état naturel. Mais il est probable que ce dernier cas n'est qu'apparent puisque chaque corps à l'approche d'un autre électrisé, s'électrise lui-même par influence.

L'attraction magnétique est celle qui résulte de l'approche ou du contact du fer ou de l'acier d'un aimant naturel ou artificiel, ou encore de l'approche des pôles contraires de deux aimans.

L'attraction cohésive est celle qui unit les atômes des corps, et qui en constitue la masse solide. Dans les gaz, cette force paraît être notablement altérée par les effets d'une force opposée qu'on nomme répulsion : les liquides en sont moins affectés. L'intensité de la force cohésive varie selon la nature des corps solides ou liquides, et cette circonstance est de la plus haute importance pour les mécaniciens, les ingénieurs et les praticiens. (Voyez cohésion.)

L'attraction chimique est celle qui réunit les particules de différens corps pour en former une substance composée. La force qui unit les particules d'une masse de cuivre s'appelle cohésion; celle qui produit l'union du cuivre avec l'acide sulfurique ou nitrique, d'où il résulte des sulfates ou des nitrates de cuivre, se nomme attraction chimique, affinité, attraction élective, ou de composition. Il s'ensuit que l'attraction chimique, et la cohésion peuvent coexister dans le même corps. Ainsi par exemple une particule de sulfate de cuivre est liée à une autre particule par cohésion, en même tems qu'une particule d'acide sulfurique est unie avec celle de cuivre par affinité chimique.

AXE. — En géométrie on donne ce nom à la ligne droite autour de laquelle tourne une figure plane, pour engendrer un solide, ou bien c'est une ligne droite menée depuis le sommet d'une figure jusqu'au milieu de sa base. L'axe d'un cercle est une ligne droite qui passe par son centre, et qui se termine des deux côtés à la circonférence. L'axe d'un cône est la ligne mesurée du sommet au centre de la base; l'axe d'un cylindre est la ligne menée du centre d'une des bases au centre de la seconde. Enfin l'axe transversal d'une ellipse ou d'une hyperbole est le diamètre passant par les deux foyers et les deux principaux sommets de la figure. Dans l'hyperbole c'est le plus petit diamètre, dans l'élipse c'est le plus grand. L'axe conjugué dans l'élipse et l'hyperbole est le diamètre passant par le centre, et qui est perpendiculaire à l'axe transversal.

En mécanique on donne le nom d'axe à une ligne autour de laquelle un corps tourne. Les praticiens donnent assez généralement le nom d'axe à un essieu cylindrique autour duquel ou sur lequel une roue ou un corps se meuvent circulairement.

BAROMÈTRE. — Nous avons parlé plusieurs fois de cet instrument dans notre ouvrage.

Nous n'avons plus que peu de chose à dire sur son application aux condenseurs, dont il sert à mesurer les fonctions.

Il est évident que si le vide était complet dans le condenseur, le mercure s'abaisserait jusqu'au niveau de celui de la cuvette, si c'était la cuvette qui était en communication avec le condenseur; ou bien il s'élèverait jusqu'à 0m,76, si la communication avec le condenseur était établie par la chambre barométrique de l'instrument. Mais la première disposition est la plus convenable, parce qu'elle donne la faculté de n'employer qu'un tube de petite longueur. En effet, il n'est pas utile de connaître le degré du vide au sommet de l'échelle, puisqu'il ne commence à être efficace aux fonctions de la machine, que quand le mercure est dans les limites de 40 à 76 centimètres. C'est aussi à ce premier chiffre qu'on s'est fixé pour la longueur à donner à ces instrumens.

Cette dernière disposition a l'avantage encore de rendre l'instrument moins impressionnable aux effets d'un vide partiel qui résulterait, par exemple, de l'extinction des feux, de l'arrêt de la machine et de son refroidissement. Autrefois il résultait de la grande longueur de ces instrumens, qu'ils se dérangeaient très fréquemment, et que le mercure se renversait avec facilité dans les condenseurs.

BISMUTH.—Métal cassant, d'une couleur blanche jaunâtre; il est un peu plus dur que le plomb, et entre en fusion à 246° C. Chauffé fortement dans un vase clos, il se sublime entièrement, et par le refroidissement graduel il cristallise très distinctement. Le bismuth s'unit avec beaucoup de métaux et hâte leur fusion. (Voyez *alliage.*)

BORAX. — Cette substance, composée de soude et d'acide boracique, est d'un usage très fréquent dans les travaux métallurgiques. Il est employé plus spécialement dans l'opération du soudage; le borax aide la fusion de la soudure, la fait couler, et maintient la surface du métal décapé pendant la chauffe, ce qui facilite la soudure. Dans les manufactures de verre on en fait un grand emploi. Quand la fusion du verre tourne mal, un peu de borax la rétablit en bon chemin.

CARBONE. — Nom donné dans la nouvelle nomenclature chimique, au combustible simple qui constitue la plus grande portion de toutes les substances animales et végétales, et qu'on trouve dans son plus grand état de pureté dans le diamant, qui ne contient absolument que cette matière. Le carbone s'unit avec tous les combustibles simples et avec l'azote, formant une série de composés importans. A cause de son affinité pour l'oxigène, il est employé pour désoxigéner les oxides métalliques et reproduire leurs bases à l'état métallique. Avec le fer il constitue l'acier et la plombagine.

CARBONIQUE (ACIDE.) — Composé d'oxigène et de carbone Cet acide est abondamment répandu dans la nature. On est parvenu à liquéfier ce gaz sous une pression de 36 atmosphères, à la température de la glace fondante, et dernièrement M. Thilorier a présenté à l'Académie des Sciences, du gaz acide carbonique congelé. Ce gaz contient 72 parties d'oxigène et 28 de carbone. Sa pesanteur spécifique est de 1,5236, celle de l'air étant 1. (Voyez *Gaz.*)

CÉMENTATION. — Procédé qui consiste à envelopper un corps à l'état solide, de poussier ou d'autre substance, et à exposer le tout pendant un certain tems à un degré de chaleur qui ne soit pas capable d'opérer sa fusion. C'est ainsi que le fer est converti en acier par la poussière de charbon.

CENTRE DE GRAVITÉ. — C'est le point d'un corps autour duquel toutes ses parties sont en équilibre, de telle sorte, que si ce corps était suspendu ou supporté par ce point, il resterait dans toutes les positions où on le placerait. Le centre de gravité d'un plan et d'un solide, peut être trouvé de la manière suivante : Suspendez le plan ou le corps par deux points quelconques du périmètre ou de la surface; menez des lignes par la verticale, elles se rencontreront en un point qui sera le centre de gravité. Il est évident que les deux points de suspension ne doivent pas être pris dans la même ligne verticale.

CENTRE DE GIRATION. — C'est, dans un corps qui se meut autour d'un axe, le point qui, si toute sa masse pouvait y être ramassée, reproduirait la même vitesse angulaire. Pour trouver le centre de giration, il faut multiplier le poids de chaque partie du corps ou du système en mouvement, par le carré de leur distance au centre de mouvement, et diviser la somme des produits par le poids de la masse entière : la racine carrée du quotient donnera la distance du centre de giration au centre de mouvement.

CENTRE D'OSCILLATION. — C'est le point, dans un corps suspendu et vibrant, où sont réunies toutes les forces mouvantes, et auquel il faudrait appliquer l'obstacle pour faire cesser le mouvement. Pour trouver le centre d'oscillation dans un pendule composé, il faut multiplier chacune des parties des corps qui composent le pendule par le carré de sa distance au point de suspension, et diviser la somme de ces produits par le produit de la masse entière du pendule multipliée par la distance de son centre de gravité au point de suspension.

CENTRE DE PERCUSSION. — C'est le point d'un corps, tournant autour d'un axe fixe, dans lequel toute la force de mouvement est réunie. C'est aussi ce point d'un corps en mouvement qui peut choquer un obstacle avec le plus grand effet possible. Le centre d'oscillation et le centre de percussion, sont ordinairement séparés; mais ils sont en réalité au même point, et doivent être considérés comme tels en théorie. De même que dans un corps en repos, la masse peut être considérée comme réunie au centre de gravité; de même dans un corps en mouvement, toute la force peut être considérée comme concentrée au centre de percussion. C'est pourquoi, le poids d'une verge multiplié par la distance de son centre de gravité au point de suspension, doit être égal à la force de cette verge divisée par la distance du centre de percussion au même point. Par exemple, soit une verge de 12 pieds de longueur pesant 2 livres par pieds, munie de deux balles pesant 3 livres chaque, l'une fixée à 6 pieds du point de suspension, et l'autre à l'extrémité de la verge, on demande la distance entre le point de suspension et le centre de percussion.

Le moment de la verge sera	$12 \times 2 \times 6$	=	144
de la première balle. . .	3×6	=	18
de la seconde.	3×12	=	36
Moment de la verge et des balles. . . .			198

Le poids de la verge multiplié par le carré de sa longueur, et divisé par 3, sera égal à la force de la verge; et le poids des balles multiplié par le carré de leur distance au point de suspension, sera égal à la force des balles. Ainsi :

$\frac{24 \times 144}{3} = 1152$ force de la verge.
$3 \times 36 = 108$ *idem* de la 1re balle.
$3 \times 144 = 432$ *idem* de la 2me balle.

1692 force de la verge et des ball.

Et $\frac{1692}{198} = 8{,}545$ pieds au point de suspension.

Dans une verge mince d'une petite largeur comparativement à sa longueur, la distance du centre de percussion est environ aux deux tiers de sa longueur, à partir du point de suspension. Dans un triangle isoscèle suspendu par un sommet et vibrant dans un plan perpendiculaire à lui-même, la distance du centre de percussion est aux trois quarts de sa hauteur, et la même chose a lieu relativement aux volans et aux roues en général.

CÉRUSE. — Blanc de plomb. Cette matière entre dans la composition d'un mastic propre aux machines à vapeur. (Voyez *Mastic*). Elle est souvent altérée par des substances étrangères. C'est un poison violent. Elle se prépare au moyen du vinaigre (acide acétique) et du plomb.

CHEMINÉE. — Ouverture ou passage destiné à l'échappement de la fumée et des gaz chauds, qui sont les résultats de la combustion, ainsi qu'à produire un courant d'air nécessaire à une bonne et complète combustion. Les principes de l'action des cheminées n'avaient pas été très bien déterminés jusqu'à ces derniers tems, et il paraît que de nouvelles expériences sont encore nécessaires, pour connaître d'une manière bien précise, les règles sur lesquelles est fondé le tirage, c'est-à-dire les dimensions et les conditions nécessaires pour que le tirage ne soit ni trop lent ni trop actif, deux cas également à éviter en vue de l'économie du combustible. (Voyez au reste ce que nous en avons dit.)

COMBUSTIBLE. — Le combustible le plus en usage pour le service des machines à vapeur, est l'espèce d'anthracite qu'on nomme houille ou charbon de terre. Les qualités de la houille sont variables à l'infini: il y en a qui est trop compacte et qui se tasse trop facilement sur les grilles, il y en a d'autre qui a le défaut d'être trop flambante et de brûler très vite. Un mélange de ces deux dernières espèces produit de bons résultats.

La manière d'éprouver la houille est facile, elle se réduit à déterminer la quantité d'eau qu'elle peut vaporiser dans un tems donné, en tenant compte du poids du charbon employé, et de celui des résidus incombustibles qui passent au cendrier. Il paraît qu'il est difficile d'obtenir de la meilleure houille, plus de 7 kilogrammes de vapeur par kilogramme de ce combustible; tandis qu'il en est qui fournissent des résultats bien inférieurs (1).

Les principes combustibles de la houille sont l'hydrogène et le carbone; les proportions de ces deux substances varient à l'infini, depuis 0,35 d'hydrogène, et 1,52 de carbone, jusqu'à 1,6 d'hydrogène, et 1,67 de carbone.

La consommation de houille par puissance de cheval, varie entre 3 et 7 kilogrammes, la plus ordinaire est 4,5. On dit que les machines de Voolf ne consomment que 3 et 3,5; mais nous avons vu que les machines à basse pression de Watt, avec lesquelles elles avaient été comparées, n'étaient pas dans leurs conditions les plus favorables.

CONDENSATION. — Opération par suite de laquelle un corps est rendu plus dense,

(1) M. Clément est parvenu à obtenir 10,8k de vapeur avec un kilogramme de bonne houille ou de bon coke.

compacte et lourd. On distingue ordinairement la condensation de la compression en ce que le premier de ces termes s'adapte plus particulièrement à l'œuvre de la condensation par le froid ou l'abstraction de la chaleur, et le second par une force ou une pression mécanique.

CONDENSEUR. — Vase dans lequel on opère la condensation, soit par une injection d'eau à l'intérieur, et alors la vapeur et l'eau se mêlent ensemble soit par un bain réfrigérant extérieur, et dans ce cas, on peut recueillir le liquide condensé sans mélange.

CONGÉLATION. — Transition des corps de l'état liquide à l'état solide. L'eau en prenant la forme concrète ou de glace, se dilate d'environ $\frac{1}{14}$, et cette dilatation peut produire la destruction des appareils des machines à vapeur qui en contiennent, lorsqu'elles ont cessé de fonctionner.

CONTRACTION DES VEINES FLUIDES. — Cette contraction s'exerce à une petite distance de l'orifice par où s'échappent la vapeur, l'eau ou d'autres fluides. Elle a pour cause le frottement qu'éprouvent les particules fluides contre les parois des orifices. En conséquence de cette contraction, le diamètre réel d'un courant de vapeur est au diamètre de l'orifice par où elle s'échappe, dans le rapport de 1 à la racine carrée de 2.

CUIVRE. — Le cuivre est un métal d'une couleur brune rougeâtre, dur, très malléable, ductile et sonore, d'une ténuité considérable, et d'une pesanteur spécifique de 8,6 à 8,9. La bonne qualité du cuivre se démontre par la facilité avec laquelle il peut s'allier à l'argent, sans aucune diminution d'extensibilité, soit de la part du martelage soit de l'étirage: le cuivre de Suède est préféré sous ce rapport, pour les alliages d'or et d'argent, ainsi que pour le doublage des navires et pour beaucoup d'autres objets; on en tire beaucoup du Japon, il s'allie facilement avec plusieurs métaux. (Voyez alliage). Ce métal entre dans la fabrication de beaucoup de pièces des machines à vapeur, et on doit le préférer surtout pour celles de ces parties qui sont destinées à recevoir le contact de l'eau ou à y séjourner. Mais aussi on doit éviter autant que possible dans ces circonstances, qu'il ne soit en contact avec des parties d'un métal de différente espèce. Car il en résulte des destructions par l'effet galvanique, qui sont considérables, et qui peuvent donner lieu à de graves accidens.

CYCLOIDE. — Courbe décrite par un point de la circonférence du cercle, quand le centre de ce même cercle parcourt une ligne droite. Le clou de la roue d'une voiture décrit une cycloïde quand elle se meut sur un plan. Les aubes des bâtimens à vapeur par rapport à l'horizon décrivent des cycloïdes. Aussi n'y a t-il que celle qui est perpendiculaire au sillage qui a une vitesse horizontale suffisante pour ne pas lui être contraire en partie.

DÉFLEXION. — Courbure que supportent les corps quand il sont soumis à l'action d'une force transversale. Dans toutes les matières ainsi disposées, il s'opère une déflexion ; quand la force élastique de la matière excède la force transversale, la déflexion est directement proportionnelle à la pression, et ne s'accroît plus après une seconde ou deux, et disparaît par suite de la suppression de la charge ou de la force appliquée. Mais si la charge ou la pression excède la force élastique de la matière, la déflexion s'augmente avec le tems, une altération permanente de forme en est la suite, elle s'augmente rapidement par un léger accroissement de charge, et la fracture s'en suit.

La résistance de la matière à la flexion, ainsi que l'observe Treedgold, est la seule mesure convenable de sa résistance, quand elle doit être appliquée aux constructions particulières, et de celle de sa résistance à une altération permanente, quand elle doit être appliquée aux machines. Suivant des expériences récentes, une barre de fonte de fer de quatre pieds de longueur, et de 1,2 pouce carré (anglais), et supportée par ses deux extrémités, peut soutenir au milieu de sa longueur, et sans altération permanente, une charge de 112 livres (angl.). La déflexion est de $\frac{1}{10}$ de pouce.

DIGESTEUR. — Vaisseau solide fabriqué en fer ou en cuivre, bouché hermétiquement au moyen d'écrous, et rendu complètement étanche. Ce vase est de l'invention de Papin, il sert à élever la température de l'eau au-dessus du terme de l'ébullition, et à dissoudre des substances qui ne peuvent l'être dans des vases ouverts. La vapeur peut y acquérir une force excessive, et pour prévenir les accidens, Papin y a adapté une soupape de sûreté dont on se sert encore aujourd'hui dans les machines à vapeur.

DILATATION. *Expansion.* — Les physiciens ont observé que les corps qui ont été comprimés et qui sont ensuite remis en liberté, tendent incessamment à se dilater avec une force égale à celle de compression, et qu'ils sont capables de soutenir une charge égale à la puissance comprimante. Les corps comprimés exercent une plus grande force au commencement de leur action, en raison de ce que la force agit d'abord avec toute son énergie, et qu'elle diminue progressivement jusqu'à l'époque où ils sont réduits à leur état naturel. Le mouvement par suite duquel les corps comprimés cherchent à reprendre leur volume naturel, est ordinairement accéléré, mais quelquefois il ne l'est pas. Quand l'air comprimé cherche à reprendre son volume ordinaire en se dilatant dans un espace plus grand, il est encore comprimé, et conséquemment une nouvelle pression agit continuellement sur lui par la cause expansive; et comme il conserve cette continuelle addition de force, l'effet, c'est-à-dire la vitesse, doit évidemment s'accroître. Mais il arrive aussi que quand la compression est partielle, le mouvement de dilatation peut non seulement ne pas s'accroître, mais encore être retardé : tel est le cas des éponges, de la mie de pain, de la gaze et autres substances spongieuses semblables comprimées.

DUCTILITÉ. — Propriété des corps et particulièrement des métaux, qui les rend aptes à être tirés en fil ou en lames minces, sans fracture de leur part. La propriété ductile de l'or est si grande qu'on est parvenu à l'obtenir en feuilles de $0^{m},00009$ d'épaisseur. A cette épaisseur l'or laisse passer la lumière, qui prend une teinte verte.

EXCENTRIQUE. — En géométrie on donne ce nom à un cercle qui est contenu dans un autre, et dont le centre ne correspond pas avec l'autre. En mécanique on désigne ainsi un procédé par suite duquel on est parvenu à appliquer un mouvement de va et vient très doux, à un levier qui fait mouvoir les tiroirs des cylindres à vapeur. Pour cela on adapte sur un des arbres tournans de la machine, un anneau ou un plateau circulaire dont le centre ne correspond pas avec l'axe de l'arbre. Sur la circonférence de ce plateau, on adapte ensuite un cercle à frottement, qui est entraîné avec le plateau, et qui se lie à l'extrémité du levier qui agit sur les tiroirs. Ce mécanisme peut s'adapter à toute autre pièce qui doit se mouvoir sans secousses et d'une manière alternative.

EFFET DES MACHINES. — C'est la mesure effective de la puissance des machines, réduite des pertes qu'elles supportent par suite de l'inertie des différentes parties dont elles sont composées, de leurs frottemens, et de toute autre source. La puissance des chevaux a été adoptée généralement pour terme de comparaison. Le frein de *Prony* dont nous avons donné la description dans la première partie de cet ouvrage, s'adapte très bien à la mesure de l'effet produit par les machines qui fournissent un mouvement circulaire. Quant à celles qui ne fournissent qu'un mouvement rectiligne, on leur adapte un appareil hydraulique, et on mesure la quantité d'eau qu'elles sont capables d'élever dans un tems donné à une hauteur déterminée. La force d'un cheval est égale à 33000 livres, élevées à un pied de hauteur par minute, c'est en mesures anglaises, l'estimation de Boulton et Watt. (Voyez la première partie, article *cheval*, page 201.)

ÉLASTICITÉ. — Propriété que possèdent les corps de reprendre leur forme primitive, quand une force quelconque l'a altérée. Si deux corps pressés l'un contre l'autre supportent une altération dans leur forme, et s'ils reprennent leur première figure, quand la force de compression cesse d'agir, ils sont dits *élastiques*. Si par suite de la pression ils ne sont point altérés dans leur forme, on les nomme durs; et si après avoir été pressés, ils conservent l'altération qui en résulte, on les désigne comme *mous*. Il est encore douteux qu'il y ait des corps qui soient parfaitement durs, mous ou élastiques. L'air n'est pas parfaitement élastique, et il résulte de quelques expériences récentes, que l'eau, qui fut long-tems regardée comme incompressible ou non élastique, l'est cependant un peu.

ÉMERY. — Minéral très dur, d'une couleur grise obscure. Le meilleur provient de l'île de Naxos. Il se trouve en masse irrégulière, mêlé avec d'autres substances minérales. Il est si dur qu'il raie la topaze: il est composé de 36 parties d'alumine, de 3 de silice et de 4 de fer. Sa pesanteur spécifique est de 40. L'extrême dureté de cette matière la rend utile à beaucoup d'opérations métallurgiques et particulièrement pour le polissage. Pour cela on la pile dans un mortier, et on la tamise à plusieurs reprises pour en obtenir plusieurs degrés de finesse selon les travaux auxquels on doit l'employer.

ENCLUME. — Masse de fer solide, indispensable aux travaux de forge. Leur poids est très variable selon la nature des travaux, et leur forme approche de celle d'un parallélipipède, muni de deux prolongemens en pointes, à la partie supérieure et d'oreilles à la partie basse, qui servent les premiers de point d'appui, pour contourner et façonner les pièces à forger, et les seconds de moyens de fixation. La surface supérieure doit être plate, polie et aciérée, afin qu'elle puisse résister à l'action du martelage. A cette partie de l'enclume, il existe aussi des trous qui servent à plier les métaux, à fixer les tranches, les pointes qui doivent les entamer au moyen du marteau.

Une expérience récente a montré, qu'en suspendant à une des pointes de l'enclume une chaîne, le bruit des marteaux était considérablement amoindri.

ÉVAPORATION. — Terme généralement employé pour désigner la dissipation des parties volatiles d'un corps composé, par l'action du soleil et de l'atmosphère, ou d'un moyen calorifique artificiel. La plupart des auteurs restreignent l'usage de ce mot au premier cas, et emploient le terme de vaporisation pour le second ; on doit cependant établir une distinction pour le cas où les parties volatilisées sont destinées à être recueillies, et alors on lui donne le nom de distillation, tandis que les résidus ou les parties fixes sont les produits de l'évaporation. Quand il s'agit de recueillir les parties volatiles, on opère dans des vases clos ; quand au contraire on veut recueillir les résidus et les parties fixes, on évapore à vase ouvert. Le degré de chaleur doit être réglé avec soin pendant l'évaporation, surtout quand les parties fixes et les matières volatiles ne diffèrent pas beaucoup dans leur tendance à s'évaporer. L'évaporation est toujours en rapport avec le degré de chaleur et la pression de l'atmosphère. Un courant d'air hâte l'opération.

Le docteur *Ure*, dans son Dictionnaire de Chimie, mentionne le procédé suivant, employé sur une grande échelle dans une manufacture d'alun. Une citerne en pierre d'environ trois ou quatre pieds de largeur sur deux de profondeur et 24 de long, est recouverte par une arche basse en briques. A une des extrémités de ce tunnel est disposée la grille, à l'autre la cheminée. Quand la citerne est remplie et qu'un bon feu est allumé sur la grille, la flamme et l'air échauffé lèchent la surface du liquide, élèvent sa température presqu'immédiatement au point de l'ébullition et enlèvent la vapeur qui se produit.

Plus récemment, M. Jacob Perkins a obtenu une patente pour un nouveau mode de former de la vapeur à très haute pression, en renfermant de l'eau dans un appareil convenablement disposé pour recevoir une très forte chaleur. Il adapte aussi cet appareil à l'évaporation de l'eau et des autres liquides, voici comment : la vapeur à haute pression passe de son générateur dans des tubes qui circulent au milieu de la masse liquide qu'il s'agit d'évaporer. Par son arrangement, l'eau produite par la condensation de la vapeur dans les tubes est renvoyée au générateur par le moyen d'une pompe foulante et de soupapes; l'eau ou la vapeur étant toujours sous la pression mécanique de l'appareil.

On a aussi employé des liquides particuliers comme intermédiaires entre le feu et les liquides qu'il s'agissait d'évaporer. Ces liquides avaient pour but de régler d'eux-mêmes la température qu'on ne voulait point dépasser. Et comme il en existe dont les points d'ébullition, sous la pression atmosphérique sont différens, on a la faculté d'obtenir tel degré de température convenable à telle substance à évaporer. Le liquide intermédiaire agissant sous la pression de l'atmosphère dans des vases ouverts ou non munis de soupapes de sûreté, les dangers d'explosion étaient également prévus.

L'air ayant une grande affinité pour la vapeur, on a aussi essayé d'en profiter pour hâter l'évaporation des liquides. Un appareil assez singulier fut construit à ce sujet, dont voici la description.

Deux vases ou chaudières furent placés l'un

au-dessous de l'autre. L'inférieur contenait de l'eau dont la vapeur allait échauffer le vase supérieur. Cette eau était portée à l'ébullition par le moyen d'un fourneau ordinaire placé en dessous du vase inférieur. En outre, un tube partait de cette première chaudière pour diriger la vapeur à l'axe d'un serpenteau qui tournait horizontalement; dans la seconde, laquelle contenait le liquide à vaporiser, une portion du serpenteau plongeait dans le liquide supérieur, tandis que la plus grande partie frottait dans l'air ambiant. Il résultait de cette construction, qu'en faisant tourner le serpenteau plein de vapeur d'eau, et par conséquent très chaud, il entraînait dans son mouvement une certaine couche du liquide à vaporiser, qui par son frottement dans l'air ambiant, s'échappait avec plus de vitesse.

FROTTEMENS. — Un corps abandonné sur un plan horizontal, peut être dérangé de sa position par une force plus ou moins grande qui dépend, d'abord de la rugosité des surfaces contiguës, 2° de l'irrégularité des figures, 3° de l'adhésion ou de l'attraction, qui sera plus ou moins grande selon la nature des corps en contact, et 4° de l'interposition de corps étrangers, de poussières, d'humidité, etc. Des expériences nombreuses ont été faites pour obtenir une mesure du frottement dans des circonstances particulières, mais elles sont loin d'être satisfaisantes, et on ne possède point de règles certaines à cet égard.

Quelques observateurs ont déduit de leurs expériences que, 1° le frottement est une puissance uniformément retardatrice dans les corps durs non sujets à altération par suite de la vitesse, excepté quand ces corps sont enveloppés d'étoffes, de bois, etc.; et dans ces cas le frottement augmente avec la vitesse. 2° Le frottement s'accroît dans un rapport bien moindre que le poids des corps. La quantité de frottement est variable pour chaque corps et n'a pas été déterminée suffisamment en relation de leur poids. La plus petite surface, au moins jusqu'à un certain point, exerce le plus petit frottement, la charge restant la même; mais le rapport du frottement à l'étendue des surfaces n'est pas encore bien connu. Le frottement dans les machines, non seulement diminue l'effet, ou ce qui revient au même, leur puissance, mais encore produit la destruction des parties principales, leur échauffement et des frais considérables. Il est donc de la plus haute importance, sinon de les supprimer, du moins de leur appliquer des moyens qui en diminuent les effets.

Les moyens de diminuer les frottemens s'obtiennent de deux manières : soit par l'interposition de matières onctueuses ou grasses, soit par des procédés mécaniques. Pour les travaux délicats, tels que ceux d'horlogerie, l'huile d'olive paraît être la meilleure substance à interposer contre les parties frottantes quand elles sont fabriquées en métaux. Mais pour les grands ouvrages, elle est susceptible de trop de coulage.

Il résulte de plusieurs expériences, que quand l'action des parties frottantes est très grande, les matières graisseuses sont plus efficaces que l'huile pour diminuer les frottemens; on emploie généralement le suif ou la graisse de porc. La plombagine mêlée à cette substance dans la proportion de une partie sur quatre de graisse est très convenable. Le savon mou mêlé au suif, convient pour le lancement des navires.

Les procédés mécaniques par lesquels on

parvient à diminuer les frottemens, consistent à ne pas mettre en contact des matières qui en fournissent beaucoup, ou à substituer au frottement par glissage le mouvement sur rouleaux, tout autant que les circonstances le permettent.

FER. — Métal le plus en usage dans les arts, et connu de tout le monde. Ce n'est que par des travaux multipliés et qui constituent une des parties principales de l'industrie, qu'on parvient à lui donner toutes les qualités désirables.

Les quatre principales espèces de fer ou d'alliages de fer employées dans les arts, sont le fer fondu, le fer malléé, l'acier naturel et l'acier fondu.

FORCES CENTRALES. — On donne ce nom aux deux forces opposées, par suite desquelles les corps sont entraînés à se mouvoir circulairement autour d'un centre. Comme toutes les forces agissent en ligne droite, la tendance de tout corps grave qui se meut circulairement, est de s'échapper par la tangente au cercle, et cette tendance a pris le nom de force centrifuge ; tandis que la force qui le retient dans les limites du cercle, est appelée force centripète. On peut résumer les principes des forces centrales dans les propositions suivantes.

1o La force centrifuge de deux corps inégaux se mouvant avec la même vitesse et à la même distance du centre de mouvement, est relative à la masse respective de chacun des deux corps.

2o La force centrifuge de deux corps égaux qui achèvent en même tems leur révolution autour du même point central, mais à des distances inégales, est relative à ces mêmes distances.

3° La force centrifuge de deux corps qui achèvent leur révolution en même tems, et dont les masses sont dans un rapport inverse des distances au centre, est égale.

4° Les forces centrifuges de deux corps égaux se mouvant à la même distance du centre commun, mais avec des vitesses différentes, sont comme le carré des vitesses.

5° Les forces centrifuges de deux corps inégaux, se mouvant à égale distance du centre avec différentes vitesses, sont l'une à l'égard de l'autre en raison composée de leur masse, et comme le carré des vitesses.

6° Les forces centrifuges de deux corps égaux qui se meuvent avec d'égales vitesses à différentes distances du centre, sont inverses à ces mêmes distances.

7° Les forces centrifuges de deux corps inégaux, se mouvant avec d'égales vitesses à différentes distances du centre, sont comme leur masse multipliée par leur distance respective du centre.

8° Les forces centrifuges de deux corps inégaux se mouvant avec d'inégales vitesses à différentes distances du centre, sont en raison composée de leur masse, du carré des vitesses et de leur distance au centre.

Pour trouver la force centrifuge d'un corps, il faut diviser la vitesse en pieds par secondes, par 4,01, et le carré du quotient par le diamètre du cercle; le quotient donnera la force centrifuge, le poids du corps étant 1. En multipliant donc le poids du corps par le quotient, on aura la force centrifuge demandée.

Un volant ayant 20 pieds de diamètre et une vitesse circulaire de 32 $\frac{1}{6}$ par seconde, on demande la force centrifuge.

$$\frac{32\frac{1}{6}}{4,01} = 8,02 \text{ et } \frac{8,02^2}{20} = 3,216$$

2me règle. Multipliez le carré du nombre de révolutions par minute par le diamètre du cercle en pieds, divisez le produit par le nombre constant 5870, le quotient sera la force centrifuge quand le poids du corps est 1. Et ce quotient multiplié par le poids du corps sera la force centrifuge.

On demande la force centrifuge d'un corps pesant deux livres, qui se meut en parcourant un cercle de 4 pieds de diamètre, avec une vitesse de 120 révolutions par minute :

$120^2 \times 4 = 57600$ et $\frac{57600}{5870} = 9{,}81 \times 2 =$ force centrifuge ou 19,62.

GAZ. — Nom donné aux fluides aériformes (l'air atmosphérique excepté) qui conservent leur forme à toutes les températures et pressions ordinaires. Autrefois on supposait que les gaz étaient des fluides élastiques et permanens; mais depuis quelque tems on est parvenu à en réduire quelques-uns à l'état liquide, au moyen d'une forte pression et d'un abaissement de température. En supprimant ensuite la pression et rétablissant la température ordinaire, les liquides obtenus ont repris leur forme gazeuse.

Ces découvertes ont engagé plusieurs savans, et particulièrement *sir H. Davy*, à faire des expériences en vue de reconnaître si on ne pourrait pas employer les gaz comprimés comme agens moteurs, en remplacement de la vapeur d'eau. Voici un résumé de ces expériences.

Le gaz hydrogène sulfuré qui se condense entièrement à — 16 degrés centigrades et sous une force élastique d'une atmosphère comprimée à un quatorzième, acquiert une force élastique de 17 atmosphères à + 10 degrés de température. Le gaz acide hydrochlorique liquide à — 16° centigrades, exerce une pression de 20 atmosphères. Par une augmentation de température de 12° cette force devient égale à 25 atmosphères, et par une augmentation subséquente de 14°,5 elle devient égale à 40 atmosphères. L'acide carbonique à — 11° cent., exerce une pression de 20 atmosphères, et à 0° de 36, c'est-à-dire environ 13 atmosphères pour chaque augmentation de température égale à 11° centigrades. Cette force considérable de 36 atmosphères s'exerce au point de la glace fondante. On voit par ces expériences, qu'avec une petite addition de chaleur on obtient de grands accroissemens de puissance, et M. *Davy* observe que, si des expériences futures réalisent les vues ici développées, la seule différence de température qui existe entre le soleil et l'ombre, entre l'air et l'eau, sera suffisante pour produire les résultats qui jusqu'à présent n'ont été obtenus qu'avec une grande consommation de combustible.

Les découvertes ci-dessus mentionnées n'ont pas manqué d'attirer l'attention des savans et des mécaniciens, et beaucoup d'entr'eux se sont occupés à imaginer des systèmes dans lesquels on pût les utiliser en pratique. La personne qui s'en est occupée avec le plus de persévérance, est M. Brunel, qui a obtenu une patente pour un appareil dans lequel le gaz liquéfié est employé pour fournir le mouvement moteur. Il emploie plus particulièrement le gaz acide carbonique, ce gaz pouvant s'obtenir facilement en décomposant les carbonates par les acides ordinaires. La méthode pour les rendre liquides, est de les faire passer du gazomètre sous un autre vase au moyen d'une pompe foulante à condensation, qu'on fait agir jusqu'à ce qu'il se convertit en liquide dans ce second vase.

Les figures 118 et 119 montrent l'appareil de M. Brunel. Il consiste, fig. 119, en cinq vaisseaux cylindriques distincts. Les deux extérieurs *a* et *b*, contiennent l'acide carbonique réduit à l'état liquide et sont appelés récipiens. De ces vaisseaux, le gaz passe dans deux autres *c* et *d*, appelés vaisseaux à expansion. Ces derniers ayant des tubes de communication avec le cylindre moteur *e*; ce dernier cylindre est muni d'un piston (il est indiqué par des lignes ponctuées) qui opère par suite de l'expansion ou de la condensation alternative du gaz; sa tige est en *f*, et communique le mouvement à une machine quelconque. Le cylindre moteur est d'une construction ordinaire et n'a rien de particulier qui mérite d'être expliqué. Quant aux autres, comme les deux cylindres d'un côté sont semblables aux deux autres, une description du récipient *a*, et du vaisseau à expansion *c*, pourra s'appliquer à leurs contreparties *b* et *d*. Une section des deux premiers est représentée, fig. 118, sur une plus grande échelle, afin qu'on puisse se faire une idée nette de leur construction et de la manière dont s'opèrent les fonctions. Les mêmes lettres dans les deux figures s'appliquent aux mêmes parties de l'appareil.

La communication entre la pompe foulante dont nous avons parlé plus haut, et le récipient *a a*, s'établit à volonté par l'ouverture que bouche le tampon à écrou *h*. Quand le récipient a été chargé de liquide et fermé, un tube *i* lui est adapté pour établir une communication avec le vaisseau *c*, par *k*. *l l*, est une fourrure en bois ou toute autre substance mauvaise conductrice de la chaleur, et qui sert à prévenir l'absorption qui pourrait résulter de l'épaisseur du métal dont se compose le vaisseau. Le vaisseau à expansion communique au cylindre moteur au moyen d'un tube *m*, ce vaisseau contient en *n*, de l'huile ou toute autre substance convenable, qui doit servir d'intermédiaire entre le gaz et le piston. Le récipient se compose d'un fort vaisseau en métal, d'une grande épaisseur. Dans sa capacité intérieure, sont disposés plusieurs tubes de cuivre représentés par *o*,*o*,*o*, les joints de ces tubes avec le couvercle du récipient sont installés de manière à être étanches. Les fonctions de ces tubes, sont d'introduire alternativement la chaleur ou le froid dans l'intérieur du récipient, sans altérer sensiblement la température de ses parois.

L'opération du réchauffement ou du refroidissement au travers des tubes minces *o o o*, peut être effectuée au moyen d'un courant d'eau chaude, de vapeur ou de tout autre fluide. Pour cet objet, les tubes sont réunis par une chambre *p p* et par des robinets, qui étant ouverts à propos, permettent à l'eau chaude ou froide d'y être introduite alternativement. Cette introduction alternative peut s'obtenir, ainsi que l'ouverture des robinets, par le moyen d'une pompe foulante et par le mouvement même de la machine. Cela posé, si le liquide chaud est introduit à la température de 49 degrés cent., au travers des tubes du récipient *a*, et l'eau froide en même tems au travers des tubes du récipient *b*, le liquide chaud, dans le premier récipient, agira avec une force de 90 atmosphères environ, tandis que le liquide froid, dans le réservoir *b*, ne produira qu'une force de 40 à 50 atmosphères; la différence entre ces deux pressions sera la force avec laquelle l'huile pressera sur le piston du cylindre moteur. Il est facile de concevoir qu'en faisant passer l'eau chaude dans le récipient *b* et l'eau froide dans le récipient *a*, une réaction s'opèrera et produira dans le cylindre moteur un mouvement alternatif qui pourra s'appliquer à une tige de piston et ensuite à divers travaux mécaniques. Il faut observer que l'emploi du gazomètre et de la pompe foulante est limité simplement au chargement préalable des récipiens. Quand ces derniers vaisseaux sont une fois remplis de gaz liquide, on en sépare la pompe foulante à l'aide du tampon *h*, et on la remplace par le tube *i*, qui établit la communication avec l'autre partie de l'appareil.

Voici plusieurs années déjà que M. Brunel s'est fait bréveter pour cette machine, et cependant il n'en existe point encore qui ait été appliquée à un travail quelconque. Mais comme le talent mécanique de l'auteur est incontestable, et qu'il est connu pour avoir dépensé beaucoup de tems pour parfaire son invention, il est probable que le manque de succès dépend du principe même, et qu'il peut être dû aux causes signalées par M. Treedgold, desquelles il résulterait que, comme agens mécaniques, les gaz liquéfiés ne sauraient remplacer la vapeur d'eau (1). Une autre difficulté provient aussi des moyens très imparfaits que nous possédons aujourd'hui pour opérer le degré de froid nécessaire à la condensation des gaz. Il paraît en somme, que, pour le moment présent au moins, il n'y a pas d'avantage à substituer les gaz à la vapeur d'eau comme forces mouvantes.

LEVIERS. — Puissance mécanique élémentaire. On les définit ordinairement, par

(1) M. Treedgold, croit que dans l'estimation des propriétés des gaz comprimés comme agens mécaniques, on doit avoir égard à deux circonstances particulières. La première c'est la distance à laquelle cette force agira, car si cette distance diminue dans le même rapport que la force est augmentée par la compression, il n'y aura pas d'avantage: la force d'un agent mécanique devant s'évaluer par le produit de cette force et de la distance à laquelle elle agit. En second lieu, il faut avoir égard à la somme de chaleur nécessaire pour produire les différences de température. En effet, si la force mécanique demande une dépense de chaleur aussi grande que celle qu'exige la vapeur d'eau, le changement n'offrirait d'autre avantage que celui qui résulterait d'une moindre étendue dans les surfaces chauffées.

une barre inflexible, mobile autour d'un point fixe ou support qu'on nomme point d'appui. Il y a trois sortes de leviers distingués par la position relative de la puissance, de la charge et du point d'appui. Dans le levier de la première espèce, fig. 112, le point d'appui est placé entre la charge et la puissance. P est la puissance, W la charge et F le point d'appui. Les distances WF et FP représentent la longueur relative des deux bras de levier. La fig 113 est un levier de la seconde espèce, dans lequel le point d'appui F est situé à l'extrémité, tandis que la puissance est à l'autre. La charge est placée entre deux. Les deux bras de leviers sont indiqués par les mêmes lettres que dans la première figure, ce sont FW et FP. Le levier de la troisième espèce fig. 114 est tel que le point d'appui F est à une extrémité, la charge à l'autre, et la puissance entre deux.

Le rapport entre la charge et la puissance est extrêmement simple.

Si la puissance et la résistance agissent dans un sens vertical, et si le levier est horizontal, la proportion de la puissance exercée sur la résistance, sera dans le rapport de la distance comprise entre la résistance et le point d'appui, à la distance comprise entre la puissance et le même point d'appui, ou bien la puissance et la résistance sont inversement proportionnelles à leur distance du point d'appui. Une proposition générale peut s'appliquer à toute espèce de levier droit ou incliné, savoir : la puissance et la résistance appliquées à un levier sont inversement proportionnelles aux lignes perpendiculaires tirées du point d'appui aux directions suivant lesquelles les forces agissent. Les soupapes de sûreté des machines à vapeur, sont le plus souvent des leviers de la seconde espèce; dans la fig. 80, *b* est la puissance appliquée à différentes distances sur la barre *ab*, la vapeur qui tend à s'échapper de la chaudière, est la résistance agissant en *c*, et il est aisé de comprendre que plus la distance de *a* en *b* sera grande, plus la force de compression sera énergique, pour empêcher la vapeur de s'échapper. Les balances donnent une idée des leviers de la première espèce, et les pincettes de la troisième.

Les forces mécaniques ne sont autre chose qu'une disposition particulière des six élémens mécaniques suivans, le levier, les roues dentées et leurs pignons, la poulie, le plan incliné, le coin et l'écrou. Il est cependant facile de voir qu'ils peuvent être encore réduits, puisque les roues ne sont autre chose qu'une succession de leviers, et le coin, et l'écrou, qu'une modification du plan incliné. Ainsi donc on peut réduire toutes les variétés de machines à ces trois simples élémens, savoir:

Le levier.
La poulie.
Le plan incliné.

Nous avons déjà défini le levier, en traitant des machines simples: il est ordinairement reçu de considérer les leviers comme inflexibles, les cordes comme parfaitement flexibles, et le frottement comme nul. Après cela l'usage est de tenir compte de ces causes perturbatrices dans le rapport de 1 à 2.

Fig. 115. *acb* est une poulie mobile supportant la charge *c*, *cabp*, est un cordon passant sur une autre poulie *d* fixe. Maintenant, comme toute la charge est supportée par les deux cordons *ca* et *db*, chacun d'eux en supporte la moitié, et comme le passage de la corde sur la poulie fixe *d* n'apporte aucun changement dans la proportion, il est clair que la puissance *p* doit être égale à la moitié de la charge *c*, pour lui faire équilibre.

Quand les cordons ne sont pas parallèles, comme dans la fig. 116, on doit tenir compte de l'angle formé par la corde avec la perpendiculaire. Car la force qui agit dans la direction de *fc*, se décompose en deux autres, l'une selon *ec*, et l'autre selon *ef*; maintenant, la force selon *ec* n'agit pas dans le sens de la verticale pour supporter le poids, tandis que la quantité représentée par *ef* est réellement celle qui le soutient ; ainsi la puissance est à la résistance comme *cf* est au double de *ef*. Et comme *cf*, est plus grand que *ef*, la puissance doit être plus grande que la moitié du poids. Il y a donc une perte résultante de l'obliquité de traction. Souvent les poulies sont composées de plusieurs rouets; alors la puissance est à la résistance comme 1 est au nombre de cordon.

Quand un corps est suspendu dans l'espace ou contre un plan vertical, il est évident qu'une force égale à son poids est nécessaire pour le tenir ainsi suspendu. Si d'un autre côté le plan est horizontal, il est encore évident qu'il posera sur lui de tout son poids. Mais si le corps est suspendu sur un plan incliné une portion seulement de son poids agira sur ce dernier. Soit AB un plan incliné à l'horizon; D un corps supporté par ce plan au moyen d'un contre-poids E, d'une poulie fixe et d'un cordon parallèle au plan incliné. Pour qu'il y ait équilibre, il faudra que la puissance E soit au poids D, comme BC est à BA, c'est-à-dire, comme la hauteur du plan est à sa longueur, si la longueur de AB est de 6 pieds et la hauteur de un pied, une puissance de une livre fera équilibre à un poids de 6 livres sur le plan. Si la hauteur est de deux pieds, une livre en balancera trois, et ainsi de suite; en général, pour obtenir l'effet produit, il faut diviser la longueur du plan par la hauteur: si la puissance agit parallèlement à la base du plan, la puissance sera au poids comme la hauteur est à la longueur de la base. Quand la puissance agit parallèlement au plan, la puissance, le poids et la pression sur le plan seront proportionnels aux trois lignes BC, BA et AC. De plus si le poids est représenté par *ab*, en le décomposant on trouvera *ac*, perpendiculaire au plan, et *cb*, parallèle à ce même plan; l'une exprimant la pression perpendiculaire sur le plan, l'autre représentant la quantité de force parallèle nécessaire pour faire équilibre au poids. Ainsi la puissance, la résistance et la pression sont proportionnels aux côtés du petit triangle, *abc*, qui est semblable au grand, ABC. Si la corde se relève par rapport au plan incliné, la pression sur le plan sera diminuée; si au contraire elle est abaissée par rapport au même plan, cette même pression s'augmentera; mais dans les deux cas une plus grande puissance sera nécessaire pour maintenir l'équilibre. Les applications de ce principe dans les arts sont très nombreuses, nous ne croyons pas nécessaire d'en donner des exemples.

MANIVELLE. — Petit levier fixé à l'arbre des machines, et qui reçoit le mouvement circulaire d'une biéle dépendante de la même machine, et qui est animée d'un mouvement alternatif rectiligne. Pour obtenir un mouvement de rotation continu de la part de la manivelle et de son arbre, il est nécessaire d'appliquer à ce même arbre un volant dont le rayon est beaucoup plus grand que la manivelle. Quand la biéle et la manivelle sont en même ligne droite et ne forment aucun angle entr'eux, nulle puissance ne tend à faire dépasser cette position à la manivelle; mais la masse du volant, en raison de l'étendue de son rayon, relativement à la manivelle, a acquis une vitesse beaucoup plus grande, et sa force vive et circulaire obtenue par cet effet, se continue encore lorsque la bièle et la manivelle sont à leurs points morts. Ces points sont ainsi franchis sans difficulté.

Quoique ce moyen d'obtenir un mouvement circulaire eût été employé depuis long-tems dans beaucoup de machines, telles que les tours, les meules, etc. Cependant il est remarquable qu'il se passa beaucoup de tems avant qu'on eût l'idée de l'appliquer au mouvement alternatif des machines à vapeur. Par l'application du volant et de la manivelle, l'usage de la machine à vapeur, autrefois borné à l'élévation de l'eau, s'est multiplié presqu'autant de fois qu'il y a d'industries différentes.

Mais l'utilité de la manivelle et du volant, dans leur application aux machines à vapeur, ne consiste pas seulement dans la conversion du mouvement rectiligne en mouvement circulaire, mais aussi à graduer la force vive du piston, et à l'amener doucement au repos à chaque fin de course : c'est une loi naturelle, que tous les corps ont une tendance à conserver leur état de mouvement et de repos; cette propriété générale de la matière donne lieu à de grandes pertes de force dans la machine à vapeur, où la masse du balancier et de tous les attirails doivent changer de direction à chaque course du piston. De ces arrêts et de ces renversemens de mouvemens au moment de la plus grande vitesse, il en résulte aussi des chocs et des secousses qui détruisent promptement les machines.

La perte de puissance employée pour vaincre la force d'inertie du balancier ne peut être évitée, mais l'arrêt ou renversement de mouvement peut être prévu par le moyen de la manivelle, de la manière que nous allons exposer.

Soit, fig. 107, *ab*, une manivelle de machine à vapeur égale à la moitié de la course du piston ou de *df*, soit aussi *deacf*, le demi-cercle parcouru par la manivelle, quand le piston fournit sa course égale à *df*; maintenant quand la manivelle est dans la position indiquée par la figure, le pistón est au moment de sa plus grande action, et la vitesse de la manivelle dans ce même moment, se mouvant selon l'arc *ac*, est presqu'égale à celle du piston parcourant *bg*. Mais quand la manivelle se meut de *c* en *d*, l'arc *cd*, qu'elle décrit égal à *ca*, est en relation de la partie correspondante *dg*, de la course du piston, et cette dernière partie est presque la moitié de *bg*. Ainsi donc il est évident que la manivelle, en diminuant la vitesse, s'applique admirablement pour prévenir les chocs qui peuvent résulter du renversement de mouvement.

Les figures 108 et 109 indiquent une disposition particulière de crémaillères et de roues dentées, au moyen desquelles on peut se dispenser de manivelles et de parallélogrammes. Elle avait été déjà indiquée très anciennement par notre compatriote Papin.

Fig. 108, *aa* est une double crémaillère en forme d'ellipse. Cette crémaillère solide et en fer fondu, est censée adaptée immédiatement à la tige du piston de la machine à vapeur ou de toute autre puissance rectiligne et alternative. Le mouvement de cette crémaillère se communique à la double roue dentée *d*, *e*, fig. 108 et 109 qui tourne sur l'arbre *i*, lequel arbre reçoit le mouvement et la puissance motrice des deux manchons *k* et *l* appliqués aux deux roues dentées. *f* et *g* sont deux guides, et *h* et *j* deux plateaux circulaires qui servent également à maintenir les deux roues dentées sur leurs manchons. Dans la fig. 108, le piston est censé à la fin de sa course descendante; mais quand le piston va remonter, la roue *d* entraînera son manchon *k*; ce dernier le manchon *o* et l'arbre *i i* : car le manchon porte deux cannelures qui correspondent aux deux taquets *s* et *t* fixés à l'arbre *ii*. Ces deux taquets ne l'empêchent point de glisser longitudinalement sur l'arbre, en pressant le ressort à boudin qu'on voit dessiné dans la figure. On voit également par la même figure que les deux manchons sont convenablement échancrés pour que celui de la roue accroche celui de l'arbre et l'entraîne dans son mouvement circulaire.

Dans le même mouvement ascendant du piston et de la crémaillère, le manchon *l*, de la seconde roue dentée *e*, glissera sans entraîner le manchon *p*, qui reculera en pressant son ressort à boudin. Mais aussitôt que le mouvement sera renversé, ces deux derniers manchons se comporteront comme les deux premiers, et entraîneront l'arbre dans leur mouvement de rotation.

Il est souvent nécessaire de transporter le mouvement circulaire à de grandes distances, et on n'a pas toujours la faculté d'y employer des roues dentées à angles. Les figures 110 et 111 indiquent une disposition particulière de manivelles coudées, qui satisfait à cette condition. *abc*,*a'b'c'* sont deux systèmes de manivelles en croix liées entr'elles par le moyen des tringles articulées *aa'*, *bb'*, *cc'*. En supposant qu'on donne le mouvement circulaire à une des parties du système, il est bien évident que l'autre l'imitera tout-à-fait, soit que le mouvement se fasse à gauche ou qu'il se fasse à droite.

MANOMÈTRES. — Instrumens destinés à mesurer la pression de l'air comprimé ou de la vapeur. Quand la pression exercée est moindre que la pression de l'atmosphère, comme dans le condenseur d'une machine à vapeur, le manomètre est appelé ordinairement baromètre, et il consiste simplement en un tube barométrique dont l'extrémité inferieure plonge dans une cuvette qui contient du mercure et qui est ouverte à la pression de l'atmosphère, tandis que l'extrémité supérieure communique avec le condenseur (voyez *Baromètre*). Le degré d'exhaussion de la colonne de mercure mesure le degré de vide du condenseur.

Quand les pressions exercées n'excèdent pas deux ou trois fois la pression de l'atmosphère, on peut employer ce moyen pour les mesurer, ordinairement on fait usage d'un siphon renversé en fer, qui contient du mercure, lequel s'élève plus ou moins, selon que la pression de la vapeur est plus ou moins énergique. Mais quand la pression est très grande et que dès lors il serait nécessaire d'employer un tube d'une hauteur incommode, on emploie un autre appareil à air comprimé, et c'est par l'inspection du volume de l'air qu'on juge de l'élasticité de la vapeur dans la chaudière. On sait, en effet, que le volume de l'air et des gaz en général, est en raison inverse de la force de compression qui agit sur eux. Ainsi, si T représente le volume intérieur du tube, P la partie occupée par l'air comprimé et A le nombre d'atmosphères, nous aurons $\frac{T}{P} = A$, c'est-à-dire qu'il faut diviser le volume de l'air avant la compression par le volume qu'il occupe après. Si $T=8$ et $P=4$, la pression sera de 2 atmosphères. Si après cela l'effort de compression est tel que $P=2$, la pression sera de 4 atmosphères ; et si $P=6$, la pression sera 1,33 atmosphères. La pression s'opère ordinairement par un liquide intermédiaire placé entre la vapeur et l'air (du mercure.)

MASTICS. — Substances employées pour réunir les corps. Pour cet objet, on emploie le mastic soit à l'état de pâte soit à l'état presque liquide, et de telle façon qu'il soit en contact intime avec les surfaces opposées, qu'il se solidifie à mesure que l'humidité s'évapore, et qu'il ne forme qu'une seule et même masse solide avec les corps qu'il s'agit de réunir. Il y a plusieurs espèces de mastic, ils sont diversement composés, selon la nature des surfaces auxquelles ils doivent être appliqués, selon qu'ils doivent être exposés à la chaleur ou à l'humidité ; nous ne mentionnerons que ceux qui sont applicables aux machines à vapeur.

Les procédés suivans sont employés par les mécaniciens pour faire les joints des cylindres des machines hydrauliques et à vapeur. On enduit une pièce de flanelle coupée et façonnée selon les joints, d'un mastic formé d'un mélange d'huile de lin bouillie, de céruse, de minium et de litharge, et on la serre en place à force d'écrous. On obtient ainsi un joint imperméable et de longue durée. Les quantités de ces ingrédiens peuvent varier sans inconvénient, pourvu que le mastic ne soit pas trop liquide.

Il est difficile quelquefois de faire promptement un bon joint entre de larges plaques de fer, et souvent il est nécessaire de rejoindre et séparer plusieurs fois les mêmes pièces avant de réussir. Dans ce cas, il convient que la céruse prédomine dans le mastic, bien que cette substance ait la propriété de sécher plus lentement que le minium.

Quand les joints sont trop étroits pour permettre l'interposition de la flanelle, on emploie de la toile, du carton ou du papier. Les pierres qui ont été cassées peuvent être réunies avec ce ciment, et on l'emploie avec un égal succès pour boucher les crevasses des citernes. Mais dans ce dernier cas, il suffit que le mastic occupe une épaisseur d'un pouce et même moins à partir des bords, le reste de la fissure étant rempli avec de la bonne chaux.

Ce mastic est convenable pour les machines à haute pression et surtout pour celles de leurs parties qui sont sujettes à être fréquemment démontées. On peut mélanger avec le mastic dont nous venons de parler, une assez grande quantité de terre de pipe, qui est d'un prix beaucoup moins élevé.

Il faut quelquefois 3 ou 4 jours pour que le mastic sèche. Mais on peut hâter cette époque en chauffant légèrement les joints.

Mastic de fer. Pour composer ce mastic, on prend deux onces de sel ammoniaque, une de fleur de soufre et seize de limaille de fonte de fer. On mélange le tout dans un mortier, et on en compose une poudre fine. Quand il est question de l'employer, on prend une partie de ce mélange, vingt parties de limaille de fer bien propre, on les pile ensemble dans un mortier et ensuite on humecte le tout avec de l'eau, après cela il est propre à être employé. Ce mastic a la propriété de se dilater un peu en se solidifiant : aussi peut-on compter sur un bon joint quand il est pressé et même tassé à petits coups de marteau entre deux plaques. Il est d'un usage fréquent chez les fondeurs.

Mastic pour les chaudières en fer. On humecte à la consistance de pâte, avec de l'huile de lin, 6 parties d'argile et une de limaille de fer. Ce ciment est très convenable pour boucher les fissures.

Mastic pour les chaudières en cuivre. Du sang de bœuf mêlé avec de la chaux vive. On applique ce mastic à l'intérieur des chaudières, sur les rivets qui fuient, ou sur toute espèce de fissure qu'il importe de boucher.

Quelquefois les joints se bouchent avec des feuilles de plomb qu'on écrase entre les parties qu'il convient de serrer, et même on écrase à coups de marteau les rebords de ces feuilles qui se projettent en dehors. D'autres fois, on place entre le couvercle des cylindres et leurs collerettes, un fil de cuivre mince et bien recuit, qui s'écrase par l'action des écrous de serrage.

MERCURE. — Ce métal a cela de particulier sur tous les autres, qu'il est extrêmement fusible, puisqu'il ne se solidifie qu'à environ 39° au-dessous de zéro. Il est toujours liquide dans les zônes tempérées de la terre. A cause de cette propriéte et de sa couleur qui ressemble assez à celle de l'argent, on l'a nommé vif argent. Ce métal entre dans la construction des instrumens qui servent à mesurer la température et la pression de la vapeur dans les chaudières. Il faut avoir soin de préserver de son contact toutes les parties en cuivre de la machine, car il s'amalgame facilement avec presque tous les métaux excepté le fer, les rend aigres et cassans, et on ne peut en débarrasser les pièces qui en sont atteintes, que par la chaleur.

MÉTAUX. — Nombreuse classe de corps indécomposables, qui sont remarquables par leur lustre, leur ductilité, leur malléabilité, leur tenacité et leur opacité. Ils sont fusibles par la chaleur, et dans leur fusion, ils conservent leur lustre et leur opacité. Quand ils sont exposés à l'action de l'oxigène, du chlore et de l'iode à une température élevée, ils prennent ordinairement feu et se combinent avec l'un ou l'autre de ces trois dissolvans élémentaires, par proportions définies, et sont convertis en substances d'une apparence saline dépourvue de brillant métallique et de ductilité, qu'on nomme oxides, iodures ou chlorures. Les métaux en fusion sont susceptibles de se mêler les uns aux autres en différentes proportions, et forment ainsi la classe des alliages, si nombreuse et si importante. A cause de leur brillant métallique et de leur opacité, il refléchissent parfaitement la lumière, et conviennent dès lors à la fabrication des miroirs. L'application des métaux aux objets de la chimie est si variée et si diversement compliquée, dit le docteur Ure, qu'une classification devient extrêmement difficultueuse.

Peu de métaux, excepté quelquefois l'or, l'argent et le cuivre, sont trouvés à leur état naturel ou natif. On les trouve généralement à l'état de minerais, mêlés avec d'autres substances qui les privent de leur èclat métallique, de leur lustre et d'autres qualités. Quelquefois le minerai n'est qu'un oxide pur, et demande pour être séparé de l'oxigène, d'être combiné avec des substances inflammables; une des premières opérations de métallurgie, est de les séparer de ces substances étrangères. Quand les minerais sont en grandes masses, on parvient quelquefois à les débarrasser de leur gangue par l'opération du marteau.

Dans d'autres cas, quand le minerais est intimement mélangé avec sa gangue, il est nécessaire d'avoir recours à d'autres procédés, tels que le grillage, le pilage ou le lavage. Le mercure, par la facilité avec laquelle il s'amalgame avec plusieurs métaux, fournit un moyen commode de les séparer des substances étrangères. Il s'en fait un grand usage dans les mines d'or et d'argent.

MOUVEMENT PERPÉTUEL. — On entend par là celui qui possède en lui le principe d'un mouvement sans fin. Un pareil mouvement est imaginaire et ne peut être tenté que par les personnes qui n'ont aucune idée de mécanique; car bien qu'un corps mis en mouvement tende à le conserver, les frottemens, celui de l'air ambiant, celui des pivots, etc., tendent incessamment à le détruire. Il ne peut y avoir d'effet sans cause; et il faut bien se pénétrer que les complications de mécaniques, soit au moyen des leviers, des coins, des vis, des roues dentées etc., tendent constamment à détruire la cause initiale; que si l'on gagne en force on perd en vitesse et reciproquement, et qu'il ne saurait y avoir de réaction sans action préalable.

OXIGÈNE. — Substance simple, gazeuse, qu'on désignait autrefois sous le nom d'air vital, air déphlogistiqué. Le nom d'oxigène lui provient de ce qu'on supposait, il n'y a pas encore long-tems, qu'il était le seul principe acidifiant. Cette substance est d'une très haute importance par le rôle qu'elle joue dans la nature; elle constitue la cinquième portion environ de l'atmosphère, et est abondamment contenue dans l'eau, les acides, les sels et les oxides.

Le gaz oxigène est un peu plus pesant que l'air atmosphérique ; sa pesanteur spécifique est de 1,111. Cent pouces cubes pèsent 34,454 grains. L'eau en absorbe une petite portion; mais avec une forte pression, elle peut en dissoudre une quantité égale à la moitié de son volume. L'oxigène ne possède ni les propriétés alcalines ni les propriétés acides, et ne montre pas de tendance à s'unir avec les acides et les alcalis. Il n'a ni odeur ni saveur; il réfracte faiblement la lumière et conduit mal l'électricité. Il jouit de l'électricité négative au suprême degré, quand on soumet une substance qui en contient, aux effets du courant galvanique, il se porte toujours au pole positif. Il est essentiel à la vie animale. Quand il est comprimé, il émet de la lumière et de la chaleur (1); il a une puissante affinité pour les corps simples, et il n'en est pas avec lesquels il ne puisse se combi-

(1) Quelques auteurs prétendent que cet effet est dû à la combustion des matières lubréfiantes contenues dans les tubes.

ner. Une substance inflammable, préalablement allumée, plongée dans le gaz oxigène, brûle avec rapidité et vivacité. Si on suspend un morceau de tournure de fer ou de cuivre, au bout duquel on aura attaché un morceau de charbon incandescent, au milieu d'un flacon contenant de ce gaz, le métal brûlera instantanément avec rapidité, en produisant une gerbe de feu brillante, et les paillettes d'oxide attaqueront même le verre du fond du vase, si on ne l'en a pas garanti au moyen de sable.

Toutes les substances qui sont capables de brûler à l'air libre, brûlent avec beaucoup plus de vivacité dans le gaz oxigène. Une pièce de bois qui émet à peine une faible lueur s'enflamme avec rapidité, dès quelle est plongée dans ce gaz, et produit des scintillations très brillantes. La combustion du phosphore dans ce gaz, est si vive et si brillante, qu'on a de la peine à la soutenir à la vue.

L'acte de la combustion avec l'oxigène s'appelle oxidation, et les corps qui s'unissent avec ce gaz sont dits oxidés. Les composés qui en résultent se divisent en acides et oxides. L'oxidation se produit quelquefois avec une grande rapidité et avec émission de lumière et de chaleur. Ordinairement la combustion n'est autre chose qu'une oxidation rapide, et toutes les substances inflammables ou combustibles, ne possèdent les propriétés de brûler à l'air libre, que par suite de leur affinité avec l'oxigène contenu dans l'air. Quelquefois l'oxidation se produit lentement, sans émission de lumière ni de chaleur, et tel est le cas du fer qui se rouille, ou ce qui est la même chose, qui s'oxide quand il est en contact avec l'eau ou exposé à une atmosphère humide.

PISTONS.—C'est cette pièce des machines à vapeur, sur laquelle la vapeur agit par sa force élastique, pour produire un mouvement et une puissance relative. On donne aussi ce nom au boisseau qui est fixé à l'extrémité de la verge des pompes à eau.

Il n'est aucune partie des machines à vapeur qui ne demande plus de soin et d'adresse de la part des ouvriers. Si une des parties du piston ne frotte pas exactement contre le cylindre, la vapeur s'échappe et il en résulte une perte de puissance et une consommation excessive de combustible. Si le piston frotte trop durement d'un côté, trop mollement de l'autre, il en résulte que le cylindre s'use inégalement et se déforme.

Afin de pourvoir à ces difficultés, il est nécessaire non-seulement que les surfaces frottantes du piston soient parfaitement façonnées, mais encore qu'elles soient élastiques, pour qu'elles puissent s'étendre et remplir avec une pression convenable, toutes les inégalités de la paroi intérieure des cylindres.

Pour obtenir ces conditions dans les machines à basse pression, on emploie ordinairement la construction indiquée par la figure 60. *a* est un plateau inférieur en métal, auquel est fixée la tige du piston *b*. Cette tige passe au travers du plateau supérieur, *c*, qui est assujetti sur le plateau inférieur *a*, au moyen des boulons à écrous *d*, *d*. *ee* est la garniture de chanvre imprégné de graisse qui occupe la partie annulaire comprise entre les deux plateaux. Cette garniture élastique est susceptible d'être resserrée par le moyen des écrous qui rapprochent les plateaux; il suffit pour cela de les visser, et on pourvoit ainsi aux effets de l'usure. Quand cette garniture est entièrement détruite, il est facile de la remplacer après avoir séparé les deux plateaux.

La puissance que peut développer une machine dépend beaucoup de la manière dont sont faites ces garnitures ; si elles ne sont pas assez serrées, elles laissent la vapeur passer à contre-tems, si elles le sont trop, les pistons broutent, et la force motrice supporte encore une réduction notable. Si la puissance de la vapeur est faible, et que la pression de la garniture contre le cylindre soit grande, une grande partie de la puissance est employée à mettre en mouvement le piston, et cette perte est beaucoup plus considérable dans les petites machines. Au contraire, si la pression de la vapeur est très grande, et celle de la garniture contre le cylindre faible, il en résulte non-seulement que la vapeur passe à contre-tems d'un côté à l'autre du piston, et neutralise ainsi la puissance de la vapeur ; mais encore cette perte est relative à la densité de la vapeur, et il en résulte une grande consommation de combustible.

Il est donc nécessaire que la pression qu'exercent les garnitures des pistons, contre la paroi intérieure des cylindres, soit proportionnée à la puissance de la vapeur. Plusieurs procédés ont été proposés pour atteindre à toutes les conditions désirables: parmi eux on distingue le suivant. Fig. 61, A A, est un disque métallique susceptible de glisser sur la tige du piston.

DD est la partie solide du piston. Entre elle et les plateaux inférieurs et supérieurs, se trouvent la garniture CC et les matières graisseuses. Il est visible que par cet arrangement, plus la pression de la vapeur sera grande, plus elle exercera d'effort sur les disques AA, et plus aussi les garnitures seront sollicitées à se projeter en dehors.

La fig. 62 est une modification de cette idée. Les deux plateaux sont fixes, la vapeur agit sur des espèces de boulons à frottement, tels que *bb*, et les oblige à s'enfoncer dans les garnitures et à les projeter en dehors.

On a aussi appliqué un principe semblable à des garnitures métalliques. AA, fig. 60 bis, est un plateau de métal susceptible de glisser à frottement sur la tige du piston. Il a la forme indiquée par les lignes foncées; B, B, sont des portions de bagues séparées par joints brisés, et dont la forme est triangulaire: DD est la partie solide du piston. Quand la pression de la vapeur agit sur les plateaux A, A, elle les oblige à descendre, et alors ils compriment les bagues contre les parois intérieures du cylindre. On a ménagé un petit espace vide entre les plateaux et la partie solide du piston, pour permettre le rapprochement des plateaux. Toutefois cet espace n'est pas aussi grand que la planche l'indique.

Les pistons à garnitures d'étoupe graissée furent employés depuis le capitaine Savery, jusqu'au tems de Cartwrigth, c'est-à-dire pendant une période d'environ 99 années. Mais ce dernier a le mérite d'avoir le premier introduit dans les machines à vapeur des pistons entièrement métalliques. Ces garnitures sont indispensables dans l'emploi de la vapeur à haute pression.

D'abord les garnitures métalliques consistaient en plusieurs bagues concentriques de laiton, coupées de manière à ce que les joints ne se correspondaient pas. Elles étaient ainsi composées de plusieurs segmens, et ceux de l'intérieur étaient sollicités à pousser les extérieurs par une pression exercée au moyen de ressorts. Tout ce système était compris entre deux plateaux qui empêchaient la vapeur de passer horizontalement entre les bagues, et leur face juxta-posée. Ce système était défectueux en ce que les anneaux ou secteurs intérieurs ne s'usaient pas, et finissaient par ne plus être parfaitement concentriques avec ceux qui supportaient le frottement du cylindre; la vapeur se faisait issue d'abord par les joints verticaux, et circulait ensuite tout autour des segmens qui ne se touchaient plus exactement.

Parmi les personnes qui ont dirigé leur attention sur cet objet, celle qui paraît avoir le mieux réussi, est M. Barton.

La fig. 61 bis représente le piston vu en plan et ayant un de ses plateaux enlevé. La fig. 62 bis est une section verticale du même piston selon la ligne *b,a,d,b*. *a,a,a,a*, sont quatre segmens; *b,b,b,b*, quatre coins à angles droits interposés entre les segmens. Leur pointe est tronquée selon la forme circulaire du cylindre. *c,c,c,c*, est un ressort annulaire d'acier de même largeur que la garniture, et qui étant entré avec force au-dessus de la tête des coins, prend une forme ondulée. Il résulte de cette disposition que tant que le ressort d'acier n'aura pas sa forme circulaire naturelle, il agira sur les coins et obligera les secteurs à s'appuyer contre le cylindre. *d* est la partie solide du piston, fondue de la même pièce que le plateau inférieur, et dans laquelle s'assujettit la tige du piston *e*.

Pour empêcher que les parties qui composent ce piston, se séparent quand on le retire du cylindre ou qu'il est question de l'y introduire, on adapte ordinairement sur sa circonférence, deux petits anneaux d'acier, qui font ressort et qui sont noyés chacun dans une rainure circulaire. Ces ressorts, par leur élasticité, maintiennent ainsi chaque pièce à sa place. Pour lubréfier le piston, on a ménagé sur sa circonférence une troisième rainure qui n'a pas été indiquée dans la planche: elle est située entre les deux autres, au milieu de l'épaisseur du piston. La manière dont ce piston se comporte est facile à comprendre. A mesure que les segmens s'usent, les coins les poussent en dehors et tendent constamment à remplir l'espace qui pourrait résulter de leur disjonction.

On a fait plusieurs objections à ce piston, mais elles nous paraissent peu fondées. On a prétendu que le sommet des coins pouvait occasioner des rainures longitudinales dans les cylindres. Mais il est facile d'y obvier en composant les coins d'un alliage moins dur que les segmens, ou en superposant deux systèmes semblables, de manière à ne pas faire correspondre les pièces de même genre ainsi que les joints. L'auteur a aussi eu l'idée, pour répondre à l'objection précitée qui, nous le répétons, ne nous paraît pas fondée, d'enlever une portion de la partie frottante des coins.

RECUIT. — Opération par laquelle on parvient à donner plus ou moins de ductilité, de mollesse ou d'élasticité, à un métal ou à un produit minéral d'abord aigre et cassant. On suppose que cet effet est le résultat d'un nouvel arrangement de la part des particules matérielles des corps. Dans la plus grande partie des corps soumis à l'effet d'une température très élevée, on remarque qu'un refroidissement brusque les rend durs et cassans, tandis qu'un refroidissement lent et progressif leur donne des propriétés contraires. Nous avons, toutefois, déjà observé que plusieurs alliages de cuivre, le laiton particulièrement, s'écartent de cette règle, et qu'ils deviennent mous par la trempe.

L'opération du recuit exige beaucoup d'adresse et de soins pour être exécutée de la meilleure manière. Le degré et la période de refroidissement apportent de grands changemens dans les effets ; ils doivent aussi être en rapport avec la nature du métal ou de la substance sur laquelle on opère. Pour recuire de l'acier et du fer, on les chauffe d'abord au rouge obscur, on les recouvre de terre, et on les laisse refroidir doucement. Des fours particuliers sont destinés à cet objet, dans lesquels les pièces qu'on veut recuire sont exposées à un refroidissement graduel, pendant plusieurs jours et même des semaines, selon leur volume. Le recuit du verre s'exécute absolument de la même manière.

ROBINETS. — Les robinets dont sont munis les divers tubes affectés au service des machines à vapeur, doivent être l'objet d'une attention particulière de la part des personnes préposées à leur conduite. Souvent il arrive que quelques-uns d'entr'eux sont ouverts à contretems et trop longtems. Il n'est pas rare de voir des chaudières se vider par l'incurie du mécanicien à cet égard, et quelques accidens d'explosions ont pu en être les résultats. Comme la disposition des machines varie selon les constructeurs, il arrive que les robinets ne sont pas toujours disposés de la même manière, que leur forme et leur nombre n'est pas le même, ou souvent qu'étant placés de la même manière, ils sont cependant affectés à des fonctions différentes ou toutes opposées; il est donc d'une grande importance qu'une étude particulière de leurs dispositions, de leurs fonctions et de leur jeu précède l'installation des mécaniciens directeurs de machines à vapeur.

Souvent les robinets ont besoin d'être rodés et ajustés de nouveau. Quand ils sont assujettis à des parties de l'appareil qui supportent la chaleur, il est bon que cette opération se fasse à chaud. Tel est l'effet de la chaleur et de la dilatation du métal, qu'un robinet parfaitement ajusté à froid, ne l'est plus à chaud.

VAPEUR. — On donne ordinairement ce nom à la forme élastique que prend l'eau à la température de 100° et au-dessus. Indépendamment de son application dans les machines à vapeur comme force motrice, elle est employée encore pour beaucoup d'autres objets d'arts et de manufactures.

Pour faire bouillir l'eau, la chaleur doit être appliquée au fond ou aux parois des vases qui la contiennent. Si elle est appliquée à la surface de l'eau, elle ne produira point d'effet utile, en raison de ce que les particules liquides superficielles en s'emparant de la chaleur qui les rend élastiques, s'élèvent avec elles sans utilité pour la masse liquide qui reste en repos. Au contraire, quand la chaleur est appliquée à la surface la plus inférieure de l'eau, les bulles qui s'y forment s'élèvent et déposent leur chaleur, en s'écrasant ou disparaissant dans la masse incombante. Les hauteurs auxquelles les bulles ainsi formées disparaissent dans le liquide, s'augmentent à mesure qu'il s'échauffe davantage : elles deviennent égales à la hauteur même du liquide, quand toute sa masse est arrivée au point d'ébullition. Si on saisit avec la main l'anse d'une cafetière, on ressentira pendant un petit moment et avant l'époque de l'ébullition, un léger frémissement; cet effet est le résultat de l'écrasement des bulles de vapeur qui se condensent dans la masse liquide. Ce phénomène devient très sensible et très remarquable quand on plonge spontanément dans de l'eau froide une loupe de fer rouge de chaleur. Si dans ce moment on applique la main contre la paroi extérieure du vase, on éprouvera un frémissement très violent, quelquefois même de fortes secousses résultantes de la production et de la condensation instantanée des grandes bulles de vapeur. La ressemblance qui existe entre ces effets et ceux qu'on éprouve dans les tremblemens de terre, a paru fournir à quelques physiciens une explication des causes qui les produisent.

Les propositions suivantes ont été adoptées presque généralement.

1° Un centimètre cube d'eau produit 1728 centimètres cubes de vapeur, quand son élasticité est égale au poids d'une colonne de mercure de 0,761.

2° Un kilogramme de bonne houille peut convertir 7 kilogrammes d'eau bouillante en vapeur.

3° Le tems nécessaire pour convertir une quantité donnée d'eau bouillante en vapeur, est six fois celui qui est nécessaire pour élever la température de l'eau, du point de congélation à celui de l'ébullition, ou de 0° à 100°, l'application de la chaleur étant uniforme.

4° Quand une quantité d'eau est exposée à une température donnée, la quantité de vapeur fournie dans un tems déterminé, sera comme la surface, toutes choses étant égales d'ailleurs.

La quantité sera aussi conjointement, comme la force de la vapeur relativement à chaque degré de chaleur, et comme la surface. Le volume d'eau évaporée dans un tems donné sera relatif à la force de la vapeur, quelle que soit la surface, si la masse possède une température uniforme.

5° Quand une quantité d'eau a acquis la température de l'ébullition, ou 100°, elle requiert autant de chaleur pour prendre la forme élastique qu'il en faut pour élever sa température de 500 degrés. Si cette eau ne pouvait se convertir en vapeur, sa température s'élevera jusqu'à 600 degrés avec la même quantité de chaleur. Ainsi donc, comme il a été dit à la troisième proposition : la chaleur nécessaire pour convertir l'eau à 100° en vapeur, est six fois celle nécessaire pour élever la température de l'eau, de 0° à 100°.

Machine à vapeur, de M. Howard.

Cette machine consiste en un cylindre semblable à ceux employés dans les machines de Watt, à double ou simple effet. Celui qui est représenté dans la planche est à double effet, la vapeur étant admise et soustraite alternativement de chaque côté du piston moteur. Le condenseur sera décrit plus tard. La tige du piston traverse le couvercle supérieur du cylindre et est liée au mécanisme de la même manière que dans toutes les machines ordinaires. Une chambre extérieure A, fig. 130, enveloppe circulairement le cylindre, laissant un petit espace entre deux. Cette chambre est hermétiquement bouchée, mais elle communique avec le cylindre par des valves d'admission. Au-dessous de cette chambre et du cylindre, ou dans une situation plus convenable (l'auteur préfère celle qui est indiquée par le dessin), est la partie de l'appareil appropriée à la génération de la vapeur; elle est disposée de la manière suivante.

Un vaisseau large et bas B, que l'auteur recommande de fabriquer en tôle, est placé au-dessus du feu, et présente à son contact une surface légèrement convexe. Une autre forme ou d'autres arrangemens de vaisseau ou de surfaces peuvent être employés, mais l'auteur préfère les précédentes, en raison de la facilité de construction, de ce que cette forme est moins sujette à être dégradée par la chaleur, et qu'elle présente une plus grande surface extérieure à l'exposition du feu, la flamme ou la chaleur la frappant perpendiculairement.

Dedans ou au-dessous de cette capacité est fixée une plaque de fer C, ayant un nombre de coupes cylindriques, telles que DDD, adaptées avec soin et s'abaissant jusqu'à une petite distance du fond du vaisseau exposé à l'action du feu. Ces coupes sont en tôle et passées au tour; elles sont minces dans celles de leurs parties situées au-dessous de la plaque. Par ce moyen, ou par d'autres équivalens, on obtient une grande étendue de surfaces minces métalliques, et d'une solidité convenable. La plaque forme à sa circonférence avec la chambre basse, un joint qui doit être hermétiquement bouché. L'espace intermédiaire est rempli d'un bain de mercure ou de toute autre substance fluide; mais l'auteur préfère le mercure, à cause de sa liquidité permanente, et parce qu'il conduit la chaleur avec perfection et régularité, et aussi en raison de ce que sa faible chaleur spécifique, requiert une moindre étendue de surface de chauffe. Il est indispensable que toutes les parties de l'appareil en contact avec le mercure soient en fer. Les coupes doivent être disposées sur le plateau horizontal, de manière à ce qu'on puisse en adapter le plus grand nombre possible, ne laissant à la plaque que la quantité de métal nécessaire à sa solidité.

L'auteur recommande, par chaque puissance de cheval, trois pieds carrés de surface génératrice semblable et environ un pied carré de surface exposée directement à l'action du feu, dans le cas où on emploierait de l'eau pour produire la vapeur; si au lieu d'eau on se sert d'alcool, une moindre étendue de surface peut être suffisante. Il est essentiel que le mercure remplisse exactement tout l'espace compris entre les coupes et la plaque, afin que la communication de la chaleur soit plus complète; il est également nécessaire qu'aucune vapeur ou fumée ne puisse se former dans ces parties de l'appareil. Pour ces objets, un petit tube E est fixé à la partie la plus haute du dessous de la plaque, dans le but de contrarier le séjour de toutes sortes de bulles d'air ou de vapeur au-dessus de cette même plaque; ce tube communique avec une boite F en tôle, destinée à recevoir la portion de mercure qui s'échappe par suite de sa dilatation par la chaleur. D'autres moyens peuvent remplir le même but. Une communication G, est établie entre cette boite et la chambre à vapeur située au-dessus de la plaque et des coupes, pour équilibrer la pression de chaque côté. Cette boîte est munie d'un orifice qui permet l'épanchement du mercure. Un thermomètre plonge dans le liquide qui sert d'intermédiaire, de manière à accuser facilement sa température, qui ne doit, dans aucun cas, s'élever au-dessus du point de son ébullition qui pour le mercure est à environ 343° cent. Quand il s'agit d'employer de la vapeur d'alcool, l'auteur recommande que la température du bain soit de 300° F. (149 cent.), pour de l'eau ce serait 400° F. (204° cent.). Toutefois on peut sans aucun préjudice matériel, s'écarter considérablement de ces limites. Quand la chaleur s'élève cependant trop haut, par exemple à 260° cent. de température, ou s'abaisse trop, par exemple à moins de 55° cent. au-dessus du point ordinaire d'ébullition du liquide à vaporiser, alors l'intensité du feu doit être réglée en conséquence. Il peut aussi convenir de réduire la masse de mercure, alors pour maintenir le plein, on le remplace par des substances solides, du fer par exemple, divisées et arrangées de manière à contrarier le moins possible la libre circulation du mercure.

Au-dessus et au milieu de la plaque et des coupes, est fixée une pomme d'arrosoir H, destinée à disperser en pluie fine le liquide à vaporiser au-dessus de la plaque. Si une portion de cette dernière plaque ne reçoit pas de liquide, elle est encore utile pour transmettre de la chaleur à la vapeur qui se forme à côté. La pomme d'arrosoir est en cuivre et est percée d'une infinité de petits trous ; elle est vissée à l'extrémité d'un tube par où le liquide est introduit comme nous allons l'indiquer.

Un orifice est pratiqué dans une partie quelconque de la chambre, il est bouché au moyen d'une plaque susceptible d'être enlevée quand il est question de nettoyage. Le liquide à vaporiser est injecté à des intervalles répétés aussi souvent que la valve d'admission s'ouvre ; l'injection doit précéder un peu cette époque, et la quantité doit en être telle qu'il peut convenir au travail de la machine; elle ne doit pas être plus grande que celle qui peut être vaporisée entre chaque injection. Pour régler l'admission et la quantité d'injection, on se sert d'une petite valve à coulisse I, dont la tige est mise en mouvement au moyen d'une came. La course de cette valve peut être augmentée ou diminuée au moyen de deux petits écrous placés sur sa tige, et qui sont susceptibles de se rapprocher ou de s'écarter; on parvient ainsi à modifier à volonté le tems de l'ouverture de l'orifice. Un ressort ou un contre-poids sert à chaque mouvement à replacer la valve à son point de départ. On peut affecter à la machine un régulateur mécanique ordinaire, et l'injection se réglera dès lors d'elle-même. Avant d'être injecté, le liquide est rechauffé dans un tube J, qui passe au travers d'un vaisseau K, plein d'eau bouillante, ce vaisseau est exposé au feu; la vapeur s'échappe par un tube approprié à cela, et la perte qui résulte de l'évaporation est réparée par une alimentation convenable. Le liquide peut être échauffé au-dessus du point d'ébullition, en contrariant l'échappement de la vapeur au moyen d'une soupape de sûreté convenablement chargée. Ou bien le tube ou le vaisseau contenant le liquide, peut être lui-même exposé au feu et être muni d'une soupape de sûreté ayant un tube destiné à conduire à la chambre, la vapeur qui passe par la valve; on pourvoit ainsi à la dépense du liquide, sa température sera subordonnée au poids de la soupape.

Ce tube communique ensuite avec une petite pompe L, au moyen de laquelle il est alimenté de liquide provenant du condenseur. Cette pompe est mise en action par un levier et une came, ou des moyens équivalens. Elle est placée au-dessous du niveau du liquide du condenseur, et est tellement disposée, qu'elle s'alimente pleinement, bien que le liquide dans le condenseur soit en présence du vide. Elle laisse même en arrière les sédimens.

Le vaisseau contenant le mercure ou tout autre fluide destiné à servir de bain, est exposé au feu M placé en dessous. Quel que soit le combustible employé, il doit produire une chaleur locale facile à graduer; pour cela l'auteur préfère la disposition suivante, en admettant que le combustible soit du coke: Une caisse basse N, en fonte de fer est fixée au fond de l'âtre et communique librement avec une machine soufflante mue au moyen de la machine ou de toute autre manière; le dessus de cette caisse est percé de plusieurs orifices d'environ un quart de pouce de diamètre; ces orifices peuvent avoir aussi une forme oblongue : écartés entre eux de deux pouces, l'air passe au travers pour arriver au combustible. Cette même caisse, dans un endroit convenable, est pourvue d'une ouverture à porte, destinée à l'enlèvement des cendres qui peuvent y tomber. Une valve est adaptée au tube de la machine soufflante, elle a pour objet de fournir les moyens de graduer la quantité d'air et l'intensité du feu. Quand l'admission du liquide destiné à être converti en vapeur est sujette à de grandes variations relativement à la nature du travail que doit produire la machine, il sera convenable qu'un régulateur mécanique ordinaire règle lui-même l'admission de l'air au feu. Par ce moyen on obtiendra une suffisante intensité de la part du feu, et on empêchera la partie supérieure de la caisse d'acquérir la chaleur rouge. Avant de s'échapper dans l'atmosphère, l'air échauffé et la fumée s'arrondissent autour de la chambre de vapeur en O. Par ce moyen la vapeur est encore surchauffée notablement après sa formation, ce qui augmente encore considérablement son volume et sa force expansive (c'est l'auteur qui parle), et prévoit à la perte de température qui résulte de la détente. L'auteur recommande que la soupape ou valve d'admission soit fermée au quart (on peut la fermer à toute autre fraction) de la course, ainsi que cela se pratique dans les machines à expansion de Watt. L'effet de la détente peut se proportionner encore par la dimension relative de la chambre de vapeur; mais l'auteur préfère la première méthode. La partie extérieure de la chambre de vapeur contiguë au combustible peut être fabriquée double, et l'espace annulaire qui en résultera, rempli par un bain fluide; mais cette complication n'est pas indispensable quand on emploie du coke pour combustible. Un compartiment est pratiqué dans la chambre pour guider la vapeur au tiroir supérieur du cylindre, la vapeur la plus chaude tendant naturellement à occuper la partie supérieure. A cette hauteur on adapte un thermomètre pour indiquer la température de la vapeur. L'auteur propose que la capacité entière de la chambre soit à peu près la même que celle du cylindre moteur; toutefois cette proportion est arbitraire. Une soupape de sûreté P est fixée à la chambre; elle ne communique pas avec l'atmosphère, mais avec le condenseur, et elle est convenablement chargée pour que la vapeur passe dans ce dernier s'il se produisait une plus grande pression que celle qui est requise; par cette disposition, il n'y aura point de perte de vapeur. Une seconde soupape de sûreté, d'une construction ordinaire et plus pesamment chargée que la première, est ajoutée comme moyen ultérieur de sécurité. La pression sous laquelle la machine doit fonctionner est indifférente; mais l'auteur préfère agir au moyen d'un cylindre d'une grande capacité et une pression modérée, plutôt que par un petit cylindre et une forte pression. Un manomètre à mercure est adapté à la chambre. Pour mettre la machine en train, la pompe à injection et la valve sont mis en mouvement à la main, jusqu'à ce qu'une pression suffisante de vapeur se soit produite dans la chambre. Le mouvement s'opère alors par le jeu correspondant des valves d'admission et d'expulsion comme dans les machines à condensation; il se continue par l'action même du mécanisme sur elles, ainsi que sur les autres parties accessoires de l'appareil. Un tube large est adapté au tiroir, de la même manière que dans les machines à condensation. Il est courbé en bas, et la partie inférieure du coude se termine dans un réceptacle où les ordures accidentelles peuvent se déposer; on les enlève par une ouverture fermée au moyen d'un bouchon à écrou. Le tube Q est en communication avec le vaisseau R, dans lequel la vapeur doit-être condensée. L'auteur recommande que ce vaisseau soit en cuivre, cylindrique, et terminé à sa partie supérieure, par un dôme sur lequel est une tubulure S, à laquelle est adaptée une petite pompe à air; il y a communication entre cette partie de l'appareil et la soupape de sûreté de la chambre indiquée précédemment, ainsi qu'avec le manomètre au vide.

La partie basse du cylindre de cuivre est attachée à un vaisseau qui peut être fabriqué d'une seule pièce et en fer fondu; la partie de ce vaisseau située immédiatement au-dessous du cylindre de cuivre, consiste en un ou plusieurs tubes oblongs et perpendiculaires T, T, qui communiquent avec une partie plate et basse T, qui s'étend horizontalement, dans laquelle deux pompes U, U, (on peut n'en employer qu'une seule à double effet) sont fixées, si bien qu'elles peuvent être alimentées de liquide par leur partie inférieure, sans être susceptibles d'aspirer des sédimens grossiers qui pourraient séjourner accidentellement dans leur voisinage. Cet arrangement qui au reste peut être modifié, a été disposé de cette manière, pour que le liquide contenu dans la partie basse du condenseur puisse être refroidi par l'exposition d'une surface considérablement étendue, pour que les pompes puissent être remplies par l'effet de la pression d'une petite hauteur de liquide, et pour que ce dernier soit débarrassé de vapeur. Dans une machine à simple effet, une seule pompe peut suffire.

Ces pompes, qui sont mues par la machine, soutirent alternativement le liquide de la partie basse du condenseur, et le conduisent au travers d'un tube en serpenteau V, de cuivre ou de toute autre substance convenable; ce tube enveloppe le condenseur à petite distance, et le liquide, après l'avoir parcouru de haut en bas, se refoule dans son intérieur par la partie inférieure. Le petit tube par où s'opère ce refoulement est muni d'une valve W, qui s'ouvre dans le condenseur. Une longue tige surmonte cette valve, passe au travers d'une boîte à étoupe dans la tubulure du dôme dont nous avons parlé plus haut: cette tige est chargée d'un poids ou est munie d'un ressort destiné à produire une pression modérée de la valve sur son siége. De cette manière le serpenteau est maintenu constamment plein de liquide; ce dernier, par l'action de la pompe, s'échappe en gerbe dans l'intérieur du condenseur, y rencontre la vapeur qui s'est échappée du cylindre moteur, pendant les fonctions de la machine, et la condense en la convertissant à l'état liquide. Le liquide par suite de cette opération est attiédi, mais il se refroidit partiellement dans la partie basse du condenseur, et passant ensuite graduellement dans le serpenteau, par l'action des pompes, il se refroidit complètement jusqu'au moment où il arrive de nouveau par injection au milieu de la vapeur du condenseur. Les pompes entretiennent ainsi un courant constant ou presque continuel dans le condenseur, par la valve de la partie inférieure. Le cylindre de cuivre, le vaisseau adapté en dessous, une certaine partie des pompes et le serpenteau entier sont plongés dans de l'eau froide, qui est continuellement changée par le travail de la machine; cette eau s'introduit par X à la partie basse de la citerne ou du vaisseau qui enveloppe le condenseur, et s'écoule par X' à la partie supérieure de cette même capacité, de manière à ce que les deux courans, dans le serpenteau et en dehors, soient opposés.

La forme du vaisseau réfrigérant sus-mentionnée, et du serpenteau n'est pas indispensable, le même effet peut être obtenu par d'autres dispositions convenables, dont le résultat serait d'exposer une surface suffisamment étendue au contact de l'eau froide. L'effet du serpenteau peut être acru en l'aplatissant et en le divisant en plusieurs branches; mais en général, l'auteur préfère la forme simple indiquée plus haut.

Un tube Y est fixé dans le condenseur sous la tubulure du dôme, et s'alonge intérieurement jusqu'à une petite distance de la valve, de telle façon que la pompe à air qui est adaptée à la tubulure, agisse dans le voisinage de l'injection : elle enlevera ainsi une moindre quantité de vapeur. Le tube extérieur, qui est adapté à la pompe à air, passe au travers de l'eau froide. La pompe à air est de petite dimension, son service étant borné seulement à l'exhaussion de l'air, qui peut s'introduire dans la machine par des joints mal bouchés ou des fissures qu'on doit chercher autant que possible à réparer. Quand on emploie de l'alcool ou un liquide de grande valeur, l'air exhaussé passe de la pompe dans un vaisseau complètement plongé dans l'eau froide et contenant une certaine quantité de ce même liquide, (de l'alcool), de telle façon que l'air passant au travers, il se dépouille de la vapeur qu'il contient.

A un certain endroit du condenseur, on a adapté un robinet Z qui sert à introduire dans cette capacité, ou à en retirer le liquide avec lequel la machine doit fonctionner; on s'assure de la quantité au moyen d'une jauge de verre. Avant de mettre la machine en train, on en soustrait partiellement l'air, soit en faisant agir à la main la pompe à air, soit en la purgeant, ainsi que cela se pratique dans les machines ordinaires.

La disposition relative des parties de la machine peut ne pas être absolument semblable à celle représentée par le dessin que nous en donnons ici, et qui a été entendu de manière à en faire comprendre la description: la construction de la pompe à air, les tiroirs d'admission et autres accessoires mécaniques, est semblable à celle des machines ordinaires.

Parmi tous les appareils ou perfectionnemens, que nous avons indiqué dans cet ouvrage le plus brièvement qu'il nous a été donné de le faire, il en est qui nous ont paru devoir être placés au premier rang dans la ligne de ceux qui sont appelés à modifier incessamment la machine à vapeur : nous allons les résumer en peu de mots. Ils sont presque tous relatifs au procédé de condensation.

Watt injecte de l'eau froide dans un vase séparé, qui communique en tems convenable avec les cylindres moteurs ; l'eau d'injection est expulsée par la pompe à air, et on n'en soustrait que la faible portion qui sert à alimenter la chaudière. Cette dernière finit donc par accumuler les sédimens et les sels qui résultent de l'évaporation continuelle. L'extraction est donc indispensable, et outre qu'elle ne pourvoit qu'incomplètement à l'inconvénient des incrustations, elle occasione encore une perte de chaleur notable.

Hall, condense la vapeur en la faisant passer dans des tubes minces et froids, et il la dirige de nouveau à la chaudière. Cette dernière ne s'alimente donc que de la même eau distillée, et elle se maintient ainsi dans un état permanent de propreté. L'extraction devient inutile, et d'autres liquides que l'eau peuvent être employés pour la production de la vapeur, puisqu'il n'y a lieu à aucune déperdition. On peut donc prévoir qu'on pourra agir avec des liquides dont l'ébullition s'obtenant à une température moindre que 100 degrés produiront une économie relative de combustible, car on se rappelle que la pénétration du calorique est en raison inverse des équilibres de température.

Les défectuosités du système de Hall peuvent être prévues par un de ceux que nous avons indiqué, dont celui de M. Howard n'est qu'une modification plus compliquée. Dans ces derniers systèmes, l'eau froide est injectée dans le condenseur à la manière ordinaire, mais elle n'est point rejetée au dehors; au contraire elle est refroidie de nouveau pour être apte à produire la condensation par injection. La chaudière, dans ce cas, ne reçoit point d'eau étrangère, et ne saurait s'obstruer de sels ou de sédimens.

Enfin, il est probable que le bain métallique qu'emploie M. Howard pourra se supprimer, et être remplacé par une masse de métal solide capable, comme le bain, de servir de réservoir de calorique, et ces derniers perfectionnemens font entrevoir l'époque où tout danger d'explosion sera complètement prévu.

Le système de M. Hovard et le précédent ont une analogie avec les anciennes machines à chaudières tubulaires, dans lesquelles la vapeur était produite par l'injection d'une quantité d'eau suffisante pour fournir à chaque coup de piston de la machine; mais ces chaudières, qui se composaient d'un tube en serpentin très long dont le canal intérieur était très restreint, étaient sujettes à s'engorger fréquemment par les incrustations, et présentaient le défaut grave de produire des chambres de vapeur, des chocs et des surchauffemens qui ne tardaient pas à les détruire. Par les systèmes que nous venons d'exposer, les mêmes masses d'eau ou de liquide, destinées à être converties en vapeur motrice seront constamment employées, et ne sauraient donner lieu à aucune accumulation de sédimens. De plus, la chaudière ou l'appareil évaporatoire pourra être maintenu à la température du maximum de vaporisation, sans contenir cet excès de liquide qui, en saturant spontanément la vapeur et de grandes capacités, est la cause la plus probable des explosions. La vapeur formée n'aura pas non plus l'inconvénient d'être emprisonnée dans des canaux étroits, dont elle ne pouvait s'échapper que par secousses, ou en supportant un frottement qui devait nécessairement se soustraire de l'effet utile.

On reproche encore au système de Hall, d'être facile à détraquer par suite de la multiplicité des tubes qui composent son appareil, et ensuite de ne pas produire une condensation assez prompte. Il n'en est pas moins vrai que son appareil condensateur a excité une sensation remarquable en Angleterre, et que des essais heureux ont confirmé les résultats promis par l'inventeur. Les plus notables constructeurs de machines à vapeur de l'Angleterre, sont en puissance de construire sur son principe; mais nous ne croyons pas hors de propos de spécifier quelques modifications apportées au système de condensation sans emprunt d'eau étrangère, en vue de remédier aux défauts signalés plus haut.

Ce n'est au reste que par une très grande étendue de surfaces réfrigérantes et minces, que M. Hall est parvenu à obtenir une condensation assez prompte; dans son système, la vapeur ne se condense que par le contact d'une surface froide, qui ne s'identifie point avec le produit; il y a intermédiaire d'une substance étrangère entre le liquide refrigérant et le liquide condensé; cette substance est la surface métallique qui compose les tubes. Dans le système ordinaire par injection, il y a mélange ou pénétration entre les deux liquides, c'est-à-dire entre la vapeur et l'eau d'injection. Il paraît que cette dernière a une grande affinité pour la vapeur; car dans la plupart des machines marines, on supprime aujourd'hui les pommes d'arrosoir qui autrefois terminaient le tube d'injection dans le condenseur, et la condensation ne s'en opère pas avec moins de rapidité.

Il résulte de ce que nous venons d'exposer, qu'on a eu aussi l'idée d'obtenir la condensation de la vapeur, au moyen de l'injection de la même quantité d'eau froide, au milieu de cette même vapeur, cette eau étant dirigée après l'œuvre de la condensation, de manière à perdre de nouveau la chaleur que lui a transmis la vapeur condensée. Cette idée a paru plus particulièrement applicable aux machines de bateaux à vapeur.

Supposons, en effet, qu'au dégorgeoir de la bâche qui rejette l'eau d'injection et celle produite par la condensation de la vapeur en dehors du navire, on adapte un tube de cuivre qui descende au-dessous de la flottaison, élonge le navire horizontalement, en l'entourant par l'avant et par l'arrière, et vienne enfin se terminer à la prise d'eau d'injection. Admettons aussi que ce tube contienne une certaine quantité d'eau, alors il est évident qu'enveloppé de toutes parts par le liquide ambiant qui supporte le navire, et qui, par suite de son mouvement progressif, se renouvellera à chaque instant, il est évident, dis-je, qu'il y aura constamment lieu à un échange de température, c'est-à-dire que l'eau extérieure au tube enlevera le calorique à l'eau intérieure, et cette dernière, à mesure qu'elle s'approchera du tube d'injection, acquerra le degré de froid convenable pour condenser la vapeur.

Le tube en question peut contenir une quantité d'eau tellement graduée, que quand la portion qui doit servir à la condensation arrivera au tube d'injection, elle soit suffisamment refroidie pour opérer la condensation avec efficacité. Les courans extérieurs et intérieurs agissent d'ailleurs favorablement, dans la moitié du trajet pour opérer la pénétration des températures ou leur équilibre; en effet, en admettant que le tube en question se dirige d'abord de l'orifice de dégorgement à l'arrière du navire, et ensuite de l'arrière à l'orifice d'injection, dans le premier tems du trajet, c'est-à-dire à l'époque où les différences de températures sont les plus grandes, la direction des courans sera la plus désavantageuse, puisqu'ils ont lieu dans le même sens, et d'une manière parallèle; mais aussi dans le second tems du trajet, c'est-à-dire quand l'eau dégorgée remontera dans le tube, de l'arrière à l'avant, pour arriver au tube d'injection, les courans seront opposés de directions, et cette époque correspondra au moment où la température de l'eau commençant à s'équilibrer avec celle du courant extérieur, ce même courant tendra davantage à rompre l'équilibre et à refroidir l'eau. Sans doute il conviendrait mieux que les courans se rencontrassent à angle droit, afin que l'incidence des températures qu'on peut regarder comme proportionnelle aux sinus, soit la plus grande possible, et nous ne croyons pas qu'il soit difficultueux de disposer l'appareil de manière à le placer dans cette condition favorable, et cela sans gêner le sillage du navire; le tube réfrigérant pouvant être encastré dans la carène, et avoir une forme aplatie.

Il résultera donc d'une disposition semblable, que la même masse d'eau servira constamment à opérer la condensation, et qu'après une certaine époque elle sera devenue à peu près pure; et comme c'est sur la masse même que sera empruntée, par les moyens ordinaires, l'alimentation de la chaudière, il en résultera aussi qu'il ne saurait y avoir lieu à accumulation de sels ou de sédimens. Afin de prévoir aux pertes qui pourraient être occasionées par le soulèvement de la soupape de sûreté, on a proposé d'en diriger la vapeur dans le tube refrigérant dont nous avons parlé plus haut. On a également proposé d'adapter aux tubes de dégorgement et d'injection des robinets ou valves à deux fins, destinés à rétablir l'ancien mode de condensation dans le cas possible d'une destruction ou d'une avarie dans l'appareil ou le tube que nous venons de décrire.

La disposition spécifiée plus haut du tube réfrigérant n'est pas indispensable; on en peut adapter à l'intérieur même du navire, qui le traverseraient dans sa cale, dans le sens de sa longueur, et qui seraient débouchés par l'avant et par l'arrière, afin de recevoir le courant d'eau froide. Le tube dans lequel passerait l'eau d'injection serait situé concentriquement au milieu du premier, et toutes choses seraient disposées pour que les courans soient dans tous les cas opposés dans leur direction. Ainsi par exemple, l'extrémité arrière du réfrigérant recevrait immédiatement l'eau sortant de la bâche, tandis que l'autre extrémité correspondrait avec l'orifice d'injection. Nous avons déjà eu l'occasion de signaler l'avantage qu'il y a à produire ainsi des courans opposés dans leurs directions, combien ces dispositions sont avantageuses, pour détruire autant que possible l'équilibre des températures entre les deux liquides. Enfin, nous avons observé qu'un arrangement par suite duquel les courans se rencontreraient à angle droit, serait évidemment le plus favorable, la pénétration devenant proportionnelle au sinus de percussion, qui dans ce dernier cas est le plus grand possible.

Le système de M. Howard ayant excité en Angleterre, une attention remarquable, nous n'avons pas cru hors de propos d'en donner une description un peu détaillée.

FIN.

OUVRAGES CONSULTÉS.

The Encyclopedia.
Repertory of inventions.
London Journal.
Mechanicks Magazine.
Transactions philosophiques.
Journal de l'École polytechnique.
Mécanique industrielle (Poncelet).
Traité de la chaleur (Peclet).
Traité des Machines à vapeur (Treedgold).
Bulletin de la Société de Mulhouse.
Annales de physique.
Christian. Machines industrielles.
Bernouilly, professeur à Cassel.

TABLE DES MATIÈRES

DU

SECOND VOLUME.

FIN DE LA TABLE DU SECOND VOLUME.

TOUL, IMPRIMERIE DE Ve BASTIEN.

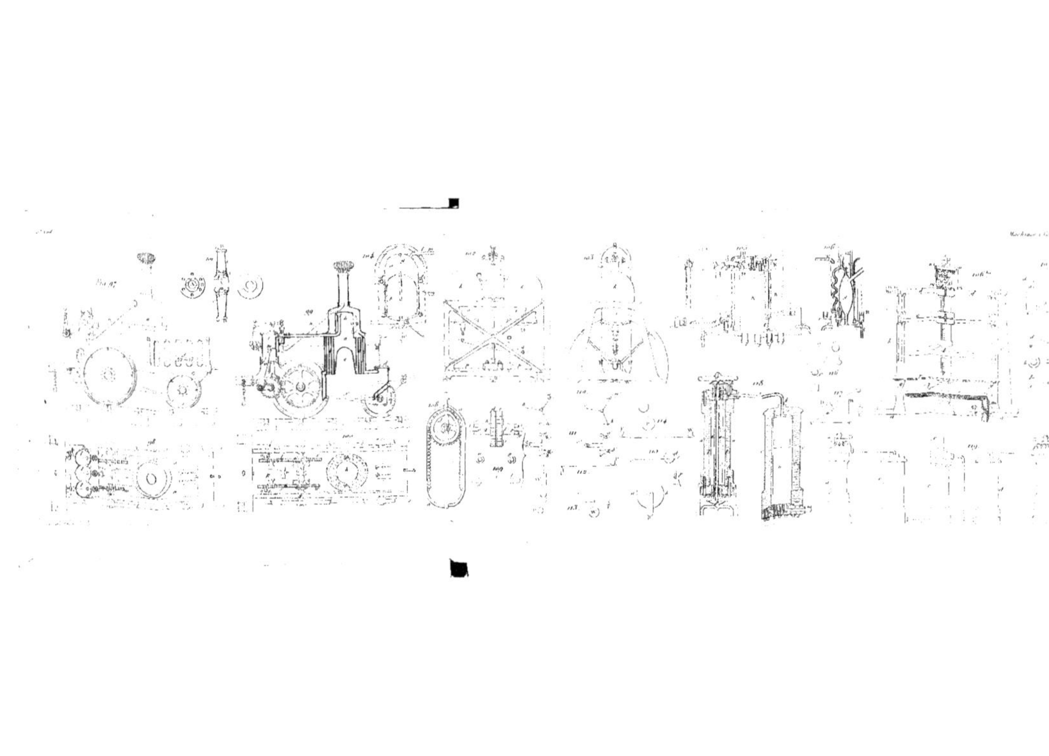

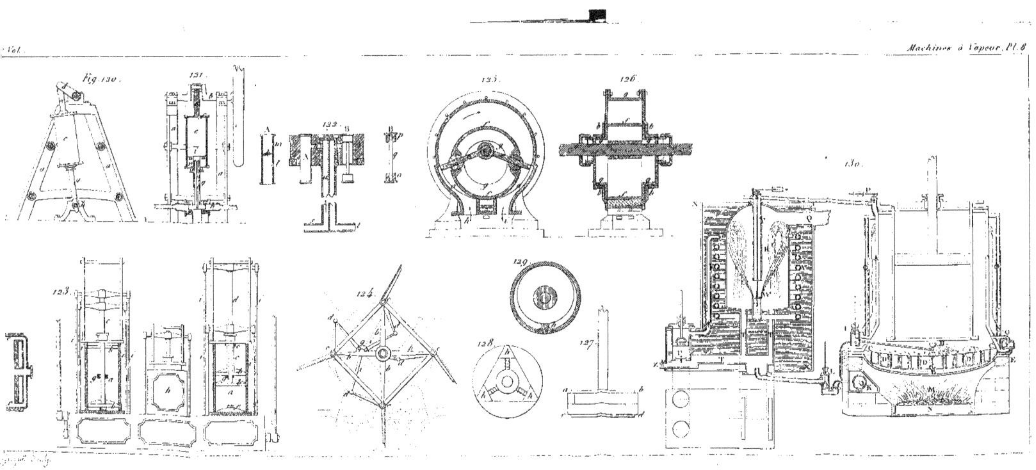
Vol.
Machines à Vapeur. Pl. 6
Fig. 120.
121.
122.
123.
124.
125.
126.
127.
128.
129.
130.

www.ingramcontent.com/pod-product-compliance
Ingram Content Group UK Ltd.
Pitfield, Milton Keynes, MK11 3LW, UK
UKHW020204250726
13967UKWH00003B/1257